Por que a psicanálise é importante para a liderança autêntica

A psicanálise é importante para a liderança autêntica porque ela ajuda os líderes a compreenderem melhor a si mesmos e aos outros, a identificarem padrões de comportamento e emoções, a superar crenças limitantes e a lidarem com desafios pessoais e profissionais.

A liderança autêntica requer que os líderes sejam honestos consigo mesmos e com os outros, que tenham autoconhecimento e autoestima, que sejam empáticos e se comuniquem de forma clara e aberta. A psicanálise é uma abordagem que ajuda as pessoas a explorarem seus pensamentos, emoções e comportamentos de uma maneira profunda e reflexiva, permitindo que os líderes desenvolvam essas habilidades necessárias para a liderança autêntica.

Além disso, a psicanálise ajuda os líderes a entenderem como sua história de vida, experiências passadas e relacionamentos moldaram suas perspectivas e comportamentos, permitindo que eles se tornem mais conscientes de seus próprios preconceitos e limitações.

A psicanálise também pode ajudar os líderes a lidarem com situações difíceis e desafiadoras, como conflitos interpessoais, tomada de decisões difíceis e mudanças organizacionais. Ao compreenderem melhor a si mesmos e aos outros, os líderes podem gerenciar essas situações de maneira mais eficaz e autêntica.

Em primeiro lugar, ela fornece uma compreensão mais profunda das emoções, motivações e comportamentos humanos, o que pode ajudar os líderes a se tornarem mais conscientes de si mesmos e de suas equipes. Compreender como as experiências passadas afetam o comportamento atual pode ser especialmente útil para identificar e superar crenças limitantes que podem prejudicar a liderança autêntica.

Em segundo lugar, a psicanálise enfatiza a importância da auto-reflexão e autoconhecimento, que são habilidades fundamentais para a liderança autêntica. Os líderes autênticos devem ser capazes de examinar suas próprias emoções, motivações e comportamentos, para que possam agir de acordo com seus valores e crenças. A psicanálise pode ajudar os líderes a desenvolver essas habilidades, permitindo que eles se tornem mais conscientes de si mesmos e de seus próprios processos mentais.

Em terceiro lugar, a psicanálise pode ajudar os líderes a compreender melhor as dinâmicas interpessoais e a construir relacionamentos mais autênticos e positivos com suas equipes. Ao compreender as motivações e emoções dos outros, os líderes podem ser mais empáticos e compreensivos, o que pode levar a uma maior confiança e respeito mútuo. A psicanálise também pode ajudar os líderes a desenvolver habilidades de comunicação e expressão emocional que são essenciais para a liderança autêntica.

A psicanálise pode ajudar os líderes a enfrentar os desafios da liderança autêntica, como o gerenciamento do estresse, a tomada de decisões difíceis e a construção de relacionamentos positivos. Ao entender como suas próprias experiências passadas e processos mentais afetam sua liderança, os líderes podem aprender a lidar melhor com esses desafios e se tornar líderes mais eficazes e autênticos.

A psicanálise é importante para a liderança autêntica porque fornece uma compreensão mais profunda do comportamento humano, enfatiza a auto-reflexão e autoconhecimento, ajuda a construir relacionamentos autênticos e fornece ferramentas para enfrentar os desafios da liderança. A aplicação desses princípios pode ajudar os líderes a se tornarem mais eficazes, autênticos e bem-sucedidos.

A psicanálise é importante para a liderança autêntica porque ajuda os líderes a compreenderem melhor a si mesmos e aos outros, a superarem crenças limitantes e a lidarem com desafios pessoais e profissionais de uma maneira mais eficaz e autêntica.

O que é liderança autêntica e por que é importante descobrir seus pontos cegos

A liderança autêntica é um estilo de liderança que se concentra em liderar de forma transparente, coerente e consistente com os valores e crenças do líder. Envolve a autoconsciência, a autoestima e a empatia, e é caracterizada por um relacionamento confiável e respeitoso entre o líder e os membros da equipe.

Mas o que torna a liderança autêntica tão importante e por que é essencial para os líderes descobrir seus pontos cegos? Vamos explorar essas questões em detalhes.

O que é liderança autêntica?

A liderança autêntica é um conceito relativamente novo, que se concentra em líderes que são genuínos e transparentes em sua abordagem à liderança. É um estilo de liderança que envolve o líder ser fiel a si mesmo e liderar de acordo com seus valores e crenças pessoais. Isso é importante porque os líderes autênticos são capazes de inspirar e motivar sua equipe de forma mais eficaz, criando um ambiente de trabalho positivo e produtivo.

Os líderes autênticos também são mais propensos a desenvolver relacionamentos positivos e confiáveis com os membros da equipe. Isso é essencial para a eficácia da liderança, pois os membros da equipe são mais propensos a se envolverem e seguirem líderes que eles confiam e respeitam.

Por que é importante descobrir seus pontos cegos?

Os pontos cegos são comportamentos e crenças inconscientes que podem limitar a eficácia da liderança. Os líderes podem ser cegos para esses comportamentos e crenças e, portanto, incapazes de corrigi-los. Isso pode levar a problemas na liderança, incluindo a falta de confiança e respeito dos membros da equipe e uma falta de progresso em alcançar os objetivos da organização.

Ao descobrir seus pontos cegos, os líderes podem se tornar mais conscientes de suas limitações e, assim, trabalhar para superá-las. Isso pode melhorar a eficácia da liderança e a eficácia da organização como um todo.

Como descobrir seus pontos cegos?

Descobrir seus pontos cegos é um processo contínuo e pode ser feito através de várias técnicas e abordagens, incluindo a psicanálise, a terapia cognitivo-comportamental e a avaliação de 360 graus.

A psicanálise é uma abordagem terapêutica que se concentra em explorar o inconsciente e os processos mentais para promover a autoconsciência, a autoestima e a empatia. Com a ajuda da psicanálise, os líderes podem descobrir e superar seus pontos cegos, permitindo que se tornem líderes mais autênticos e eficazes.

A terapia cognitivo-comportamental (TCC) é outra abordagem que pode ajudar os líderes a descobrir seus pontos cegos. A TCC envolve identificar padrões de pensamento e comportamento negativos e trabalhar para modificá-los.

Através da TCC, os líderes podem se tornar mais conscientes de seus pensamentos e comportamentos limitantes, permitindo que eles trabalhem para superá-los e melhorar sua eficácia na liderança.

A avaliação de 360 graus é uma técnica de feedback que envolve a coleta de feedback de várias fontes, incluindo membros da equipe, colegas de trabalho e superiores. Essa abordagem pode ajudar os líderes a identificar seus pontos cegos e áreas para melhoria, permitindo que trabalhem para aprimorar sua liderança e aumentar sua eficácia.

É importante lembrar que descobrir seus pontos cegos pode ser um processo difícil e desconfortável. Pode exigir que os líderes confrontem seus próprios medos e vulnerabilidades, o que pode ser desafiador. No entanto, é essencial para o crescimento e aprimoramento contínuos da liderança.

Além disso, é importante lembrar que descobrir seus pontos cegos é apenas o primeiro passo. Os líderes precisam estar dispostos a trabalhar ativamente para superá-los e melhorar sua liderança. Isso pode envolver a busca de feedback regular, a busca de ajuda profissional, a prática de auto reflexão e a adoção de novos comportamentos e estratégias de liderança. A liderança autêntica pode ser uma abordagem desafiadora, mas também pode ser extremamente gratificante. Quando os líderes são capazes de liderar com transparência, coerência e consistência, eles podem construir confiança com seus colegas de trabalho e membros da equipe, criar um ambiente de trabalho positivo e produtivo e alcançar grandes resultados para a organização.

A liderança autêntica é um estilo de liderança importante que envolve liderar de forma transparente, coerente e consistente com os valores e crenças do líder. Descobrir seus pontos cegos é essencial para a eficácia da liderança, pois permite que os líderes se tornem mais conscientes de suas limitações e trabalhem para superá-las.

Através de técnicas como a psicanálise, a terapia cognitivo-comportamental e a avaliação de 360 graus, os líderes podem descobrir e superar seus pontos cegos, permitindo que se tornem líderes mais autênticos e eficazes. Isso é fundamental para criar um ambiente de trabalho positivo e produtivo e alcançar os objetivos da organização.

Descobrir seus pontos cegos é fundamental para a liderança autêntica. Através da psicanálise, da terapia cognitivo-comportamental e da avaliação de 360 graus, os líderes podem identificar seus pontos cegos e trabalhar ativamente para superá-los. Isso pode ajudá-los a se tornar líderes mais eficazes, construir relacionamentos positivos com sua equipe e colegas de trabalho e alcançar os objetivos da organização.

O papel da psicanálise na descoberta dos pontos cegos dos líderes

A psicanálise é uma abordagem terapêutica que se concentra na compreensão dos processos mentais inconscientes. Ela foi desenvolvida por Sigmund Freud e seus seguidores no final do século XIX e início do século XX. A psicanálise se concentra em ajudar as pessoas a entender e superar seus problemas emocionais e psicológicos, explorando o subconsciente e a análise dos sonhos e fantasias.

Embora a psicanálise seja frequentemente associada à terapia individual, ela também pode ser aplicada em uma variedade de configurações, incluindo a liderança empresarial. A psicanálise pode ser particularmente útil para ajudar os líderes a descobrir seus pontos cegos, permitindo que trabalhem para superá-los e melhorar sua liderança.

Neste capítulo, exploraremos o papel da psicanálise na descoberta dos pontos cegos dos líderes. Vamos discutir como a psicanálise pode ajudar os líderes a compreender seus processos mentais inconscientes, explorar seus medos e vulnerabilidades e trabalhar para superar seus pontos cegos.

A psicanálise pode ser particularmente útil na descoberta dos pontos cegos dos líderes, pois se concentra na compreensão dos processos mentais inconscientes. Muitos líderes têm crenças e comportamentos limitantes que são inconscientes e, portanto, são difíceis de identificar e mudar sem ajuda profissional.

A psicanálise pode ajudar os líderes a compreender seus processos mentais inconscientes e a explorar seus medos e vulnerabilidades. Isso pode permitir que eles identifiquem padrões de comportamento limitantes que podem estar impedindo sua eficácia na liderança.

Uma das principais técnicas utilizadas na psicanálise é a livre associação. Isso envolve o paciente falar livremente sobre seus pensamentos e sentimentos, sem censura ou julgamento. Isso pode permitir que os líderes explorem seus processos mentais inconscientes e identifiquem crenças e comportamentos limitantes que podem estar prejudicando sua liderança.

Além disso, a psicanálise também pode ajudar os líderes a compreender como sua infância e experiências passadas podem estar influenciando seu comportamento e crenças atuais. Por exemplo, um líder que cresceu em um ambiente em que a vulnerabilidade era vista como um sinal de fraqueza pode ter dificuldade em admitir seus próprios erros e fraquezas. A psicanálise pode ajudar esses líderes a compreender como suas experiências passadas podem estar afetando sua liderança atual e trabalhar para superar esses padrões de comportamento limitantes.

A psicanálise também pode ajudar os líderes a explorar seus medos e vulnerabilidades. Muitos líderes têm medo de serem vistos como fracos ou vulneráveis, o que pode impedir sua capacidade de liderar de forma autêntica e eficaz. A psicanálise pode ajudar esses líderes a explorar esses medos e vulnerabilidades e a trabalhar para superá-los

A psicanálise pode ajudar os líderes a desenvolver empatia e compaixão pelos outros. Isso é particularmente importante na liderança, pois os líderes precisam ser capazes de entender e se relacionar com as necessidades e preocupações de sua equipe. A psicanálise pode ajudar os líderes a compreender como suas próprias experiências e emoções podem influenciar sua capacidade de ser empático e compassivo com os outros.

Outra técnica psicanalítica que pode ser útil na descoberta dos pontos cegos dos líderes é a análise dos sonhos. Os sonhos são frequentemente uma manifestação do subconsciente e podem oferecer insights valiosos sobre as crenças e emoções inconscientes dos líderes. Ao explorar seus sonhos, os líderes podem identificar padrões de comportamento limitantes e trabalhar para superá-los.

A psicanálise também pode ajudar os líderes a desenvolver autoconsciência. A autoconsciência é a capacidade de entender seus próprios pensamentos e emoções e como eles podem influenciar seu comportamento. Isso pode ser particularmente útil para os líderes, pois pode permitir que eles identifiquem comportamentos que podem estar prejudicando sua liderança e trabalhem para mudá-los.

A psicanálise pode ser aplicada em uma variedade de configurações de liderança, incluindo a liderança empresarial. Muitas empresas agora estão oferecendo treinamento em psicanálise para seus líderes como parte de sua estratégia de desenvolvimento de liderança. A psicanálise pode ser uma ferramenta valiosa para os líderes que desejam descobrir e superar seus pontos cegos. Ao ajudar os líderes a compreender seus processos mentais inconscientes, explorar seus medos e vulnerabilidades e trabalhar para superar comportamentos limitantes, a psicanálise pode ajudar os líderes a se tornarem mais autênticos e eficazes.

A descoberta dos pontos cegos é uma parte fundamental da liderança autêntica. Ao reconhecer e trabalhar para superar seus pontos cegos, os líderes podem se tornar mais eficazes na liderança de suas equipes. A psicanálise pode ser uma ferramenta útil para ajudar os líderes nessa jornada.

No entanto, é importante lembrar que a psicanálise não é uma solução única e completa para a descoberta e superação dos pontos cegos dos líderes. É apenas uma das muitas ferramentas e abordagens disponíveis. Os líderes também podem se beneficiar de outras técnicas, como o coaching, a terapia cognitivo-comportamental, a meditação e a yoga.

Além disso, é importante lembrar que a psicanálise pode não ser adequada para todos os líderes. Algumas pessoas podem não estar confortáveis em explorar seu subconsciente ou compartilhar seus pensamentos e emoções mais profundos com um terapeuta. Nesses casos, outras abordagens podem ser mais apropriadas.

A psicanálise pode ser uma ferramenta poderosa para os líderes que desejam descobrir e superar seus pontos cegos. Ao ajudar os líderes a compreender e explorar seus processos mentais inconscientes, a psicanálise pode ajudá-los a se tornarem mais autênticos e eficazes na liderança de suas equipes. No entanto, é importante lembrar que a psicanálise não é uma solução única e completa para a liderança autêntica e que outras abordagens também podem ser úteis.

A psicanálise também pode ajudar os líderes a lidar com situações de crise. Em momentos de incerteza e instabilidade, os líderes precisam ser capazes de tomar decisões difíceis e lidar com o estresse e a pressão. A psicanálise pode ajudar os líderes a desenvolver resiliência emocional e a lidar com o estresse de maneira saudável e eficaz.

Outra maneira pela qual a psicanálise pode ajudar os líderes é ajudando-os a lidar com conflitos e questões interpessoais. Como líderes, é inevitável que surjam conflitos e desentendimentos entre membros da equipe. A psicanálise pode ajudar os líderes a entender as dinâmicas de poder e comunicação que contribuem para esses conflitos e a encontrar soluções eficazes para resolvê-los.

Finalmente, a psicanálise pode ajudar os líderes a desenvolver uma maior compreensão de si mesmos e de suas próprias motivações e objetivos pessoais. Isso pode ajudá-los a encontrar mais significado e propósito em seu trabalho e a liderar com mais paixão e compromisso.

Em suma, a psicanálise pode oferecer uma série de benefícios para os líderes que desejam se tornar mais autênticos e eficazes. Ao ajudar os líderes a descobrir seus pontos cegos, a desenvolver autoconsciência, empatia e compaixão pelos outros, a lidar com situações de crise e conflito, e a encontrar um maior significado e propósito em seu trabalho, a psicanálise pode ajudar os líderes a se tornarem líderes mais eficazes e autênticos.

A psicanálise pode ser uma ferramenta valiosa para os líderes que desejam descobrir e superar seus pontos cegos. Ao ajudar os líderes a compreender seus processos mentais inconscientes, explorar seus medos e vulnerabilidades e trabalhar para superar comportamentos limitantes, a psicanálise pode ajudar os líderes a se tornarem mais autênticos e eficazes.

A descoberta dos pontos cegos é uma parte fundamental da liderança autêntica. Ao reconhecer e trabalhar para superar seus pontos cegos, os líderes podem se tornar mais eficazes na liderança de suas equipes. A psicanálise pode ser uma ferramenta útil para ajudar os líderes nessa jornada.

Autoconsciência: Como a psicanálise pode ajudar líderes a se conhecerem melhor

Autoconsciência é uma das habilidades mais importantes que um líder deve possuir para ser eficaz. Um líder que tem uma boa compreensão de si mesmo é capaz de entender melhor as necessidades e desafios de seus funcionários e se comunicar com eles de forma mais eficaz. Além disso, um líder autoconsciente é capaz de identificar e lidar com seus próprios pontos cegos, o que pode ser extremamente valioso para liderar equipes com sucesso. A psicanálise pode ser uma ferramenta poderosa para ajudar os líderes a desenvolver sua autoconsciência e descobrir mais sobre si mesmos.

A psicanálise é baseada na ideia de que muitos dos nossos pensamentos e comportamentos são influenciados pelo subconsciente, e que podemos aprender mais sobre nós mesmos explorando esses processos mentais inconscientes. Através de sessões de terapia, um líder pode trabalhar com um terapeuta psicanalítico para explorar seus pensamentos e emoções mais profundos e descobrir padrões e dinâmicas que podem estar afetando seu comportamento e decisões.

Uma das principais técnicas utilizadas na psicanálise é a livre associação. Durante a livre associação, o paciente é encorajado a falar livremente sobre qualquer pensamento, emoção ou imagem que venha à mente, sem julgamento ou censura. Essa técnica pode ajudar os líderes a descobrir e explorar suas emoções mais profundas e a entender como elas influenciam seu comportamento e decisões.

Outra técnica comum na psicanálise é a interpretação. Durante a interpretação, o terapeuta psicanalítico oferece insights e perspectivas sobre o comportamento e os pensamentos do líder, ajudando-o a compreender melhor suas motivações e emoções. Essa técnica pode ajudar os líderes a ganhar uma nova perspectiva sobre si mesmos e a descobrir novas maneiras de lidar com desafios e conflitos.

A psicanálise também pode ajudar os líderes a descobrir e lidar com traumas e experiências passadas que podem estar afetando seu comportamento e decisões no presente. Traumas não resolvidos podem ter um impacto significativo na forma como um líder lidera, e a psicanálise pode ser uma ferramenta valiosa para ajudar os líderes a lidar com essas questões.

Além disso, a psicanálise pode ajudar os líderes a desenvolver uma maior compreensão de si mesmos e de suas próprias motivações e objetivos pessoais. Isso pode ajudá-los a encontrar mais significado e propósito em seu trabalho e a liderar com mais paixão e compromisso.

Para muitos líderes, a autoconsciência pode ser uma habilidade desafiadora de desenvolver. Muitas vezes, somos cegos para nossas próprias fraquezas e tendências negativas, o que pode limitar nossa capacidade de liderar com eficácia. No entanto, a psicanálise pode ajudar os líderes a superar essas limitações e se tornar mais autoconscientes.

Uma das principais vantagens da psicanálise é que ela oferece um espaço seguro e confidencial para os líderes explorarem seus pensamentos e emoções mais profundos. Isso pode ser particularmente útil para líderes que sentem que não têm alguém com quem possam compartilhar abertamente suas preocupações ou dificuldades. Através da psicanálise, os líderes podem se sentir mais à vontade para explorar seus sentimentos e descobrir mais sobre si mesmos.

Além disso, a psicanálise pode ajudar os líderes a desenvolver uma maior compreensão de como seus pensamentos e emoções influenciam seu comportamento. Isso pode ser particularmente útil para líderes que tendem a reagir impulsivamente a situações estressantes ou difíceis. Ao entender melhor seus próprios processos mentais, esses líderes podem aprender a tomar decisões mais conscientes e pensadas. Outra vantagem da psicanálise é que ela pode ajudar os líderes a lidar com seus próprios traumas e experiências passadas. Muitas vezes, essas experiências podem afetar negativamente a forma como um líder lidera, limitando sua capacidade de confiar em outras pessoas ou lidar com situações difíceis. Ao trabalhar com um terapeuta psicanalítico, os líderes podem aprender a lidar com esses traumas e a encontrar maneiras mais saudáveis de lidar com o estresse e a pressão.

A psicanálise pode ajudar os líderes a desenvolver uma maior compreensão de si mesmos e de seus próprios objetivos e motivações pessoais. Isso pode ser particularmente útil para líderes que estão lutando para encontrar significado e propósito em seu trabalho. Ao trabalhar com um terapeuta psicanalítico, os líderes podem aprender a se conectar com suas próprias motivações e a encontrar maneiras mais significativas de liderar.

É importante notar que a psicanálise não é uma solução rápida ou mágica para os problemas de liderança. Leva tempo e esforço para explorar os processos mentais inconscientes e trabalhar em questões pessoais. No entanto, o investimento nesse processo pode levar a melhorias significativas na liderança autêntica.

Um benefício adicional da psicanálise é que ela pode ajudar os líderes a se tornarem mais compassivos e empáticos com suas equipes. Ao entender melhor seus próprios processos mentais e emoções, os líderes podem desenvolver uma maior compreensão e sensibilidade em relação às emoções e necessidades de seus colaboradores. Isso pode ajudar a criar um ambiente de trabalho mais positivo e colaborativo, onde todos se sentem valorizados e respeitados.

No entanto, a psicanálise não é a única abordagem para desenvolver a autoconsciência e liderança autêntica. Existem muitas outras ferramentas e técnicas que os líderes podem utilizar para melhorar suas habilidades de liderança. Por exemplo, a meditação e a mindfulness podem ajudar os líderes a se concentrarem mais no momento presente e a desenvolver uma maior consciência de seus próprios pensamentos e emoções.

Além disso, a liderança autêntica requer uma abordagem holística que aborda não apenas a dimensão pessoal, mas também a dimensão profissional. Os líderes devem estar cientes de como sua abordagem de liderança afeta a cultura e o clima da organização. Eles devem se esforçar para criar um ambiente de trabalho onde os colaboradores se sintam valorizados, respeitados e apoiados em seu crescimento e desenvolvimento profissional.

Ao trabalhar com um terapeuta psicanalítico, os líderes podem se beneficiar de uma abordagem que se concentra na exploração de processos mentais inconscientes. Isso pode incluir o exame de crenças, pensamentos e emoções reprimidos que podem estar afetando a maneira como o líder percebe e interage com o mundo ao seu redor.

A psicanálise também pode ajudar os líderes a entender como experiências passadas moldaram suas personalidades e comportamentos. Por exemplo, um líder que cresceu em um ambiente familiar autoritário pode ter desenvolvido uma tendência a ser dominante e controlador em suas interações profissionais. A psicanálise pode ajudar esse líder a entender como essas experiências moldaram suas crenças e comportamentos, e como ele pode trabalhar para mudar esses padrões de pensamento e comportamento.

Além disso, a psicanálise pode ajudar os líderes a explorar suas próprias emoções e como elas afetam suas decisões e interações com os outros. Muitas vezes, os líderes podem reprimir emoções negativas, como raiva ou medo, em um esforço para manter uma aparência forte e confiante. No entanto, isso pode ter efeitos negativos em sua liderança e nas relações com os outros. A psicanálise pode ajudar os líderes a entender e lidar com essas emoções de maneira mais saudável e produtiva.

Além disso, a psicanálise pode ajudar os líderes a se tornarem mais conscientes de suas próprias limitações e vulnerabilidades. Isso pode ajudá-los a se tornarem mais humildes e empáticos com suas equipes, o que pode levar a uma maior colaboração e respeito mútuo.

No entanto, é importante lembrar que a psicanálise não é a única abordagem para desenvolver a autoconsciência e a liderança autêntica. Os líderes também podem utilizar outras ferramentas e técnicas, como meditação, mindfulness e coaching, para melhorar suas habilidades de liderança. É importante que os líderes sejam abertos e receptivos a diferentes abordagens e encontrem aquela que melhor se adapte às suas necessidades e objetivos.

Além disso, a autoconsciência também é fundamental para a tomada de decisões. Ao entender suas próprias crenças, valores e motivações, os líderes podem tomar decisões mais informadas e alinhadas com seus objetivos e valores pessoais. Isso pode levar a uma maior clareza e consistência na tomada de decisões, o que pode aumentar a confiança e a credibilidade dos líderes.

A psicanálise pode ajudar os líderes a se tornarem mais autoconscientes de várias maneiras. Por exemplo, um terapeuta psicanalítico pode ajudar o líder a refletir sobre seus pensamentos e sentimentos em relação a eventos recentes ou interações com outras pessoas. O líder pode ser encorajado a considerar como suas próprias experiências passadas podem estar afetando suas reações atuais.

O processo de psicanálise também pode ajudar o líder a se tornar mais consciente de suas próprias defesas psicológicas. Defesas psicológicas são mecanismos mentais que usamos para proteger nossas emoções e ego. Eles podem incluir negação, projeção, repressão e sublimação, entre outros. No entanto, essas defesas podem ser prejudiciais quando usadas em excesso ou de maneira inapropriada. A psicanálise pode ajudar o líder a identificar suas próprias defesas e trabalhar para desenvolver estratégias mais saudáveis para lidar com suas emoções.

Outra maneira pela qual a psicanálise pode ajudar os líderes a se tornarem mais autoconscientes é através da exploração de seus sonhos e fantasias. Os sonhos e fantasias podem fornecer insights valiosos sobre o mundo interno do líder e suas preocupações e desejos inconscientes. Um terapeuta psicanalítico pode ajudar o líder a interpretar seus sonhos e fantasias e a desenvolver uma compreensão mais profunda de suas próprias emoções e motivações.

A psicanálise também pode ajudar os líderes a desenvolverem habilidades de autorregulação emocional. Ao se tornarem mais conscientes de suas próprias emoções, os líderes podem aprender a lidar com elas de maneira mais saudável e construtiva. Eles podem desenvolver a capacidade de regular suas emoções para não serem dominados por elas, o que pode ajudá-los a tomar decisões mais objetivas e imparciais.

Outra maneira pela qual a psicanálise pode ajudar os líderes a se conhecerem melhor é por meio do processo de transferência. A transferência é um fenômeno em que um indivíduo projeta emoções ou comportamentos em outra pessoa, geralmente em um terapeuta. Em um ambiente terapêutico, a transferência pode ser usada como uma ferramenta para ajudar o líder a se tornar mais consciente de suas próprias projeções e comportamentos.

Por exemplo, se um líder projeta seus próprios medos e inseguranças em seus colegas de trabalho, isso pode afetar negativamente sua liderança. Um terapeuta psicanalítico pode ajudar o líder a se tornar mais consciente dessas projeções e trabalhar para desenvolver estratégias mais saudáveis para lidar com suas próprias emoções.

A psicanálise também pode ajudar os líderes a lidar com a ambivalência em relação ao poder. O poder pode ser uma fonte de motivação e realização para muitos líderes, mas também pode ser uma fonte de ansiedade e conflito interno. Através do processo psicanalítico, os líderes podem explorar sua relação com o poder e aprender a equilibrar suas necessidades pessoais com as necessidades da organização

A psicanálise pode ser uma ferramenta valiosa para ajudar os líderes a desenvolver sua autoconsciência e descobrir mais sobre si mesmos. Ao explorar seus processos mentais inconscientes e trabalhar com um terapeuta psicanalítico, os líderes podem ganhar uma nova perspectiva sobre si mesmos e desenvolver habilidades importantes para liderar equipes com sucesso.

A psicanálise pode ser uma ferramenta valiosa para ajudar os líderes a se tornarem mais autoconscientes e a descobrir mais sobre si mesmos. Ao explorar seus processos mentais inconscientes e trabalhar com um terapeuta psicanalítico, os líderes podem ganhar uma nova perspectiva sobre si mesmos e desenvolver habilidades importantes para liderar equipes com sucesso.

A autoconsciência é uma habilidade essencial para a liderança autêntica, e a psicanálise pode ser uma ferramenta útil para ajudar os líderes a desenvolver essa habilidade. Ao trabalhar com um terapeuta psicanalítico, os líderes podem explorar seus próprios processos mentais e emoções, desenvolver uma maior compreensão de si mesmos e se tornar mais empáticos e compassivos com suas equipes. No entanto, é importante lembrar que a liderança autêntica requer uma abordagem holística e um compromisso contínuo com o crescimento e o desenvolvimento pessoal e profissional.

A psicanálise pode ser uma ferramenta valiosa para ajudar os líderes a se tornarem mais conscientes de si mesmos e a desenvolver habilidades de liderança autênticas. Ao explorar seus processos mentais e emoções inconscientes, os líderes podem desenvolver uma maior compreensão de si mesmos e se tornar mais empáticos e compassivos com suas equipes. No entanto, é importante lembrar que a liderança autêntica requer um compromisso contínuo com o crescimento e o desenvolvimento pessoal e profissional.

Líderes a se tornarem mais autoconscientes, o que pode levar a uma maior clareza na tomada de decisões, bem como a uma maior compreensão de si mesmos e de suas interações com os outros. A autoconsciência é uma habilidade fundamental para a liderança autêntica e pode ser desenvolvida por meio de diferentes abordagens, incluindo a psicanálise. No próximo capítulo, exploraremos como a psicanálise pode ajudar os líderes a desenvolver a autenticidade em sua liderança.

A psicanálise pode ajudar os líderes a se conhecerem melhor e a desenvolverem habilidades de autorregulação emocional, lidando com suas projeções e ambivalências em relação ao poder. Essas habilidades podem levar a uma liderança mais autêntica e eficaz, além de ajudar os líderes a construir relacionamentos mais saudáveis e significativos com seus colegas de trabalho.

Autoestima: Descobrindo e superando as crenças limitantes que afetam a liderança autêntica

Autoestima é um elemento crucial para a liderança autêntica. Como líder, é importante ter confiança em si mesmo e em suas habilidades para inspirar e motivar sua equipe. No entanto, muitos líderes lutam com crenças limitantes que podem afetar sua autoestima e, por sua vez, sua liderança.

A psicanálise pode ser uma ferramenta valiosa para ajudar os líderes a descobrir e superar essas crenças limitantes. Em um ambiente terapêutico, os líderes podem explorar suas próprias histórias e experiências de vida para entender melhor como essas crenças se formaram e como elas estão afetando sua liderança.

Uma das crenças limitantes mais comuns entre os líderes é a sensação de que precisam ser perfeitos o tempo todo. Essa crença pode levar a um perfeccionismo prejudicial, o que pode levar a um esgotamento emocional e físico. Em vez disso, a psicanálise pode ajudar os líderes a desenvolver uma compreensão mais realista de suas próprias habilidades e limitações. Isso pode ajudá-los a se sentir mais confortáveis em pedir ajuda quando necessário e a se concentrar em seus pontos fortes em vez de tentar sempre ser perfeito.

Outra crença limitante comum entre os líderes é a sensação de que precisam fazer tudo sozinhos. Isso pode levar a uma falta de delegação e a uma sobrecarga de trabalho, o que pode afetar negativamente sua liderança. A psicanálise pode ajudar os líderes a entender as origens dessas crenças e a desenvolver estratégias mais saudáveis para lidar com elas. Isso pode incluir aprender a confiar mais em sua equipe e a delegar tarefas de maneira mais eficaz.

Além disso, a psicanálise também pode ajudar os líderes a lidar com suas próprias inseguranças e a desenvolver uma autoestima mais saudável. Isso pode levar a uma liderança mais confiante e eficaz, além de ajudar os líderes a construir relacionamentos mais saudáveis e significativos com seus colegas de trabalho.

Através do processo psicanalítico, os líderes podem explorar suas próprias histórias e experiências de vida para entender melhor como essas crenças se formaram e como elas estão afetando sua liderança. Eles podem aprender a reconhecer e desafiar essas crenças limitantes e a desenvolver uma autoestima mais saudável e positiva.

As crenças limitantes podem afetar a liderança autêntica de diversas maneiras. Por exemplo, um líder pode acreditar que não é bom o suficiente para liderar uma equipe, o que pode levar a uma falta de confiança e autoestima. Isso pode levar a comportamentos passivos, como evitar tomar decisões difíceis ou não expressar opiniões fortes em reuniões. Por outro lado, um líder pode acreditar que é sempre o melhor em tudo, o que pode levar a um comportamento arrogante e dominador.

A psicanálise pode ajudar os líderes a identificar e superar essas crenças limitantes. O primeiro passo é reconhecer que elas existem e como elas afetam o comportamento do líder. Em seguida, o líder pode trabalhar com um psicanalista para explorar a origem dessas crenças e entender como elas se desenvolveram ao longo do tempo.

Por exemplo, um líder pode ter desenvolvido uma crença limitante devido a uma experiência de infância traumática. O psicanalista pode ajudar o líder a explorar essa experiência e a entender como ela está afetando seu comportamento como líder. O líder também pode aprender técnicas para reprogramar essas crenças limitantes e desenvolver uma autoestima mais saudável e positiva.

Outra maneira pela qual a psicanálise pode ajudar os líderes a superar crenças limitantes é através do processo de livre associação. O psicanalista pode pedir ao líder para falar livremente sobre seus pensamentos e sentimentos, sem julgamento ou interpretação. Esse processo pode ajudar o líder a identificar padrões de pensamento negativos e crenças limitantes que podem estar afetando sua liderança autêntica.

A psicanálise também pode ajudar os líderes a desenvolver uma maior compreensão de si mesmos e de suas motivações. Isso pode ser particularmente útil para líderes que estão lutando para encontrar um sentido de propósito ou significado em seu trabalho. Ao explorar suas motivações mais profundas, um líder pode desenvolver uma maior clareza sobre seus objetivos e valores pessoais, o que pode ajudá-los a liderar com mais autenticidade e eficácia.

Para que um líder seja autêntico, ele precisa ter uma autoestima saudável e positiva. A autoestima é a avaliação subjetiva que uma pessoa faz de si mesma. Ela pode ser influenciada por vários fatores, incluindo experiências passadas, relacionamentos, cultura e outros aspectos da vida. Quando a autoestima é baixa, um líder pode se sentir inseguro, ansioso, estressado e incapaz de lidar com situações difíceis.

A psicanálise pode ajudar os líderes a descobrir e superar as crenças limitantes que afetam a autoestima. Isso pode ser feito através de várias técnicas, como o processo de livre associação, análise de sonhos, terapia cognitivo-comportamental e outras abordagens psicoterapêuticas.

Uma das principais maneiras pelas quais a psicanálise pode ajudar os líderes a melhorar sua autoestima é através do processo de livre associação. Isso envolve pedir ao líder para falar livremente sobre seus pensamentos e sentimentos, sem julgamento ou interpretação. Isso pode ajudar o líder a identificar padrões de pensamento negativos e crenças limitantes que estão afetando sua autoestima.

Outra abordagem psicoterapêutica que pode ser útil é a terapia cognitivo-comportamental. Essa abordagem ajuda os líderes a identificar e mudar pensamentos negativos e crenças limitantes, substituindo-os por pensamentos mais positivos e construtivos. Por exemplo, se um líder acredita que é incapaz de liderar uma equipe com sucesso, a terapia cognitivo-comportamental pode ajudá-lo a mudar essa crença para uma mais positiva, como "eu posso aprender a liderar com sucesso".

A análise de sonhos também pode ser uma ferramenta útil para ajudar os líderes a descobrir e superar crenças limitantes que afetam sua autoestima. Os sonhos podem fornecer insights valiosos sobre os desejos, medos e preocupações inconscientes de um líder. Ao interpretar esses sonhos com a ajuda de um psicanalista, o líder pode ganhar uma maior compreensão de si mesmo e de suas motivações.

Além das técnicas mencionadas, a psicanálise também pode ajudar os líderes a descobrir as raízes de suas crenças limitantes. Muitas vezes, essas crenças são formadas durante a infância e podem ser influenciadas pela família, amigos, cultura e experiências passadas. Ao explorar essas raízes, os líderes podem ganhar uma maior compreensão de como suas crenças foram formadas e como elas estão afetando sua autoestima e liderança.

Outro aspecto importante da psicanálise é a importância do relacionamento entre o líder e o psicanalista. Esse relacionamento é baseado na confiança, respeito e empatia. Ao se sentir compreendido e apoiado pelo psicanalista, o líder pode se sentir mais confortável em explorar seus pensamentos e sentimentos mais profundos, o que pode levar a uma maior compreensão de si mesmo e de suas crenças limitantes.

Além disso, a psicanálise pode ajudar os líderes a desenvolver uma maior tolerância ao desconforto emocional. Como mencionado anteriormente, a liderança autêntica requer que os líderes sejam capazes de lidar com situações difíceis e desconfortáveis. Ao desenvolver uma maior tolerância ao desconforto emocional através da psicanálise, os líderes podem se sentir mais capazes de lidar com essas situações de forma eficaz e confiante.

A psicanálise também pode ajudar os líderes a desenvolver uma maior compaixão por si mesmos e pelos outros. Isso é importante porque a liderança autêntica requer que os líderes sejam capazes de se relacionar de forma autêntica com os outros e de demonstrar empatia e compaixão. Ao desenvolver uma maior compaixão por si mesmos e pelos outros, os líderes podem se tornar mais conectados com as necessidades e emoções dos membros da equipe, o que pode levar a um ambiente de trabalho mais positivo e produtivo.

Uma vez que o líder tenha consciência de suas crenças limitantes e dos efeitos negativos que elas podem ter em sua liderança, é importante que ele trabalhe para superá-las. Neste sentido, a psicanálise pode ajudar o líder a identificar os padrões de pensamento que reforçam essas crenças e a desenvolver uma nova perspectiva sobre si mesmo.

Uma das técnicas que a psicanálise oferece para trabalhar as crenças limitantes é a chamada "refutação lógica". Isso envolve questionar as evidências que sustentam a crença e considerar evidências alternativas. Por exemplo, se o líder acredita que é incapaz de lidar com conflitos, a refutação lógica envolveria questionar se há momentos em que ele lidou com conflitos com sucesso no passado e considerar a possibilidade de que ele possa aprender novas habilidades para lidar com conflitos de forma mais eficaz no futuro.

Outra técnica que pode ajudar a trabalhar as crenças limitantes é a "reeducação emocional". Isso envolve a conscientização e a mudança dos padrões de pensamento negativos que reforçam as crenças limitantes. Por exemplo, se o líder acredita que não é bom o suficiente para liderar sua equipe, ele pode trabalhar para identificar pensamentos negativos como "eu sou um fracasso" e substituí-los por pensamentos positivos, como "eu posso aprender e crescer como líder".

A psicanálise também pode ajudar o líder a desenvolver uma autoestima saudável, que é fundamental para a liderança autêntica. Uma autoestima saudável envolve reconhecer seus pontos fortes e fracos e ter uma atitude positiva em relação a si mesmo. Isso permite que o líder confie em si mesmo e tome decisões mais assertivas, sem se deixar influenciar por críticas externas ou inseguranças pessoais.

Além disso, a psicanálise pode ajudar o líder a identificar a origem de suas crenças limitantes. Muitas vezes, essas crenças são formadas na infância e podem ser reforçadas por experiências traumáticas ou situações difíceis ao longo da vida. Ao explorar essas experiências com a ajuda de um psicanalista, o líder pode ganhar uma compreensão mais profunda de como suas crenças limitantes foram formadas e desenvolver uma perspectiva mais compassiva em relação a si mesmo.

Outra maneira pela qual a psicanálise pode ajudar o líder a superar suas crenças limitantes é através da terapia de grupo. Ao participar de um grupo terapêutico, o líder pode compartilhar suas experiências com outras pessoas que enfrentam desafios semelhantes e receber feedback e apoio. Isso pode ajudar o líder a se sentir menos isolado e a desenvolver novas habilidades sociais que podem ser aplicadas em sua liderança.

A psicanálise pode ajudar o líder a desenvolver uma maior empatia e compreensão de seus colegas de trabalho. Ao compreender melhor suas próprias emoções e motivações, o líder pode se tornar mais sensível às emoções e necessidades dos outros, o que pode levar a uma maior capacidade de liderança e a um ambiente de trabalho mais colaborativo e positivo.

A psicanálise pode ser uma ferramenta valiosa para ajudar os líderes a descobrir e superar suas crenças limitantes, incluindo o perfeccionismo prejudicial e a falta de delegação. Além disso, a psicanálise também pode ajudar os líderes a desenvolver uma autoestima mais saudável, o que pode levar a uma liderança mais confiante e eficaz.

A psicanálise pode ser uma ferramenta valiosa para ajudar líderes a descobrir e superar crenças limitantes que afetam sua liderança autêntica. Ao explorar as origens dessas crenças e desenvolver uma compreensão mais profunda de si mesmos, os líderes podem desenvolver uma autoestima mais saudável e positiva, o que pode levar a uma liderança mais eficaz e autêntica.

A psicanálise pode ajudar os líderes a descobrir e superar crenças limitantes que afetam sua autoestima. Ao explorar essas crenças com a ajuda de um psicanalista, os líderes podem desenvolver uma autoestima mais saudável e positiva, o que pode levar a uma liderança mais autêntica e eficaz.

A psicanálise pode ajudar os líderes a descobrir e superar crenças limitantes que afetam sua autoestima. Ao explorar essas crenças com a ajuda de um psicanalista, os líderes podem desenvolver uma autoestima mais saudável e positiva, o que pode levar a uma liderança mais autêntica e eficaz. A psicanálise também pode ajudar os líderes a desenvolver uma maior tolerância ao desconforto emocional, compaixão por si mesmos e pelos outros, e uma maior compreensão de si mesmos e de suas crenças limitantes.

A psicanálise pode ajudar o líder a identificar e superar crenças limitantes que afetam sua liderança autêntica. Ao trabalhar para desenvolver uma autoestima saudável e uma perspectiva positiva sobre si mesmo, o líder pode se tornar mais confiante e assertivo em sua liderança, o que pode levar a uma equipe mais engajada e produtiva.

A psicanálise pode ser uma ferramenta poderosa para ajudar líderes a superar suas crenças limitantes e desenvolver uma autoestima saudável. Ao trabalhar com um psicanalista, o líder pode ganhar uma compreensão mais profunda de si mesmo e dos outros, o que pode levar a uma liderança mais autêntica e eficaz.

Empatia: Desenvolvendo habilidades sociais para lidar com os outros de maneira autêntica e eficaz

A empatia é uma habilidade social crucial para líderes que desejam ser autênticos e eficazes. Ela se refere à capacidade de entender e sentir as emoções e perspectivas de outras pessoas. A empatia pode ajudar líderes a se conectar com seus colegas de trabalho e a criar um ambiente de trabalho mais colaborativo e produtivo. Exploraremos o papel da empatia na liderança autêntica, como a psicanálise pode ajudar líderes a desenvolver essa habilidade e como aplicá-la na prática.

A importância da empatia na liderança autêntica

A empatia é importante na liderança autêntica porque permite que os líderes se conectem com seus colegas de trabalho em um nível emocional. Quando os líderes são capazes de entender e sentir as emoções e perspectivas dos outros, eles são mais capazes de responder de maneira apropriada e eficaz às suas necessidades. A empatia também pode ajudar os líderes a criar um ambiente de trabalho mais positivo e colaborativo, no qual os funcionários se sintam valorizados e apoiados.

Além disso, a empatia pode ajudar os líderes a entender melhor as dinâmicas de poder no local de trabalho. Muitas vezes, os líderes são vistos como tendo mais poder do que seus colegas de trabalho, o que pode criar uma dinâmica desigual. No entanto, quando os líderes são capazes de entender e sentir as perspectivas de seus colegas de trabalho, eles podem se tornar mais sensíveis às suas necessidades e, assim, reduzir essa desigualdade.

Desenvolvendo empatia com a ajuda da psicanálise

A psicanálise pode ser uma ferramenta poderosa para ajudar líderes a desenvolver a empatia. Isso ocorre porque a psicanálise pode ajudar os líderes a entender melhor suas próprias emoções e motivações, o que pode, por sua vez, ajudá-los a entender melhor as emoções e perspectivas dos outros.

Por exemplo, a psicanálise pode ajudar os líderes a explorar suas próprias experiências passadas e como elas moldaram suas emoções e perspectivas. Isso pode ajudá-los a se tornar mais conscientes de suas próprias suposições e preconceitos, o que pode torná-los mais abertos a entender as perspectivas dos outros.

Além disso, a psicanálise pode ajudar os líderes a desenvolver habilidades sociais mais gerais, como a escuta ativa e a comunicação eficaz. Isso pode ajudá-los a se conectar melhor com seus colegas de trabalho e a entender suas perspectivas de maneira mais clara.

Aplicando empatia na prática

Para aplicar a empatia na prática, os líderes podem adotar várias estratégias. Em primeiro lugar, eles podem se esforçar para ouvir ativamente seus colegas de trabalho e validar suas emoções e perspectivas. Isso pode ajudar a construir confiança e a criar um ambiente de trabalho mais colaborativo.

Além disso, os líderes podem adotar uma abordagem mais empática para a resolução de conflitos. Isso pode envolver tentar entender as perspectivas de todas as partes envolvidas.

Para desenvolver a empatia, é preciso se colocar no lugar do outro e tentar entender sua perspectiva. Isso é especialmente importante para os líderes, que precisam lidar com diversas pessoas em diferentes situações.

A psicanálise pode ser uma ferramenta valiosa para o desenvolvimento da empatia. Isso porque a abordagem psicanalítica valoriza a escuta ativa e o acolhimento das emoções e sentimentos do outro. Quando um líder adota essa postura, ele se torna mais capaz de se conectar com seus colaboradores e entender suas necessidades e desejos.

Além disso, a psicanálise também ajuda a desenvolver a habilidade de reconhecer e interpretar os sinais não verbais das outras pessoas, como expressões faciais, postura corporal e tom de voz. Esses sinais podem fornecer informações valiosas sobre o que o outro está sentindo, permitindo que o líder ajuste sua abordagem e comunicação de acordo.

Um aspecto importante da empatia é a capacidade de se colocar no lugar do outro sem julgamento. Isso pode ser difícil para muitos líderes, que tendem a ter uma visão muito pragmática das situações. No entanto, a psicanálise pode ajudar a desenvolver a capacidade de lidar com a ambiguidade e a incerteza, permitindo que o líder seja mais flexível em sua abordagem e esteja mais aberto a diferentes pontos de vista.

Para desenvolver a empatia, é importante também praticar a escuta ativa e a comunicação eficaz. Isso significa prestar atenção ao que o outro está dizendo e fazer perguntas para entender melhor sua perspectiva. Além disso, é importante ser autêntico e transparente em suas próprias emoções e sentimentos, criando um ambiente seguro e confiável para os colaboradores expressarem seus próprios sentimentos.

A empatia também envolve a capacidade de lidar com conflitos de forma construtiva e eficaz. Isso significa ouvir as diferentes perspectivas envolvidas e trabalhar para encontrar soluções que atendam às necessidades de todos os envolvidos. A psicanálise pode ser útil nesse processo, ajudando o líder a lidar com suas próprias emoções e a entender melhor as emoções dos outros.

Para desenvolver a empatia, é necessário primeiro entender como as pessoas funcionam e como elas se comunicam. É importante reconhecer que cada indivíduo é único e tem suas próprias experiências, pensamentos e sentimentos. Isso significa que é fundamental evitar julgamentos e ter uma mente aberta ao se comunicar com os outros.

Além disso, a empatia envolve prestar atenção às pistas não verbais, como a linguagem corporal e expressões faciais, bem como ouvir ativamente o que a pessoa está dizendo. É importante demonstrar interesse genuíno nas preocupações e perspectivas dos outros, bem como ser capaz de expressar empatia de maneira autêntica e sensível.

A psicanálise pode ajudar os líderes a desenvolver a empatia, proporcionando uma compreensão mais profunda do mundo interno das pessoas. A psicanálise também pode ajudar os líderes a se tornarem mais conscientes de suas próprias emoções e necessidades, o que pode ajudá-los a entender melhor as emoções e necessidades dos outros.

Os líderes autênticos que são empáticos são capazes de criar um ambiente de trabalho que é mais colaborativo e produtivo, onde as pessoas se sentem valorizadas e apoiadas. A empatia também pode ajudar a construir relacionamentos mais fortes entre os membros da equipe e a resolver conflitos de maneira mais eficaz.

Ao desenvolver a empatia, é importante lembrar que não se trata apenas de entender as perspectivas dos outros, mas também de se conectar com elas emocionalmente. Isso significa ser capaz de compartilhar a alegria, a tristeza, a frustração e outras emoções que as pessoas estão experimentando.

Ao fazer isso, os líderes autênticos podem criar um ambiente mais humano e compassivo no local de trabalho, o que pode levar a uma maior satisfação no trabalho e uma maior lealdade à empresa.

Outro aspecto importante da empatia é a capacidade de se colocar no lugar dos outros e compreender suas perspectivas e sentimentos. Isso envolve a habilidade de transcender as diferenças culturais e pessoais e compreender as necessidades universais das pessoas.

A psicanálise pode ajudar os líderes a desenvolver essa habilidade, fornecendo uma compreensão mais profunda da natureza humana. Através da psicanálise, os líderes podem aprender a identificar suas próprias crenças e valores inconscientes que podem impedir a empatia e a compreensão dos outros.

Além disso, a psicanálise pode ajudar os líderes a superar suas próprias defesas psicológicas, como a negação e a projeção, que podem interferir na capacidade de se conectar emocionalmente com os outros. Ao trabalhar para superar essas defesas, os líderes podem se tornar mais abertos e receptivos às perspectivas dos outros.

Desenvolver a empatia não significa concordar com todas as perspectivas ou sentimentos das pessoas, mas sim ser capaz de reconhecê-los e respeitá-los. Isso pode envolver fazer perguntas abertas, escutar atentamente, validar os sentimentos das pessoas e tentar ver as coisas do ponto de vista delas.

A empatia também pode ajudar a melhorar a comunicação entre líderes e equipe. Quando os líderes são capazes de compreender as perspectivas dos outros, eles podem se comunicar de forma mais clara e eficaz, evitando mal-entendidos e conflitos desnecessários. Isso pode ajudar a criar um ambiente de trabalho mais colaborativo e produtivo.

Além disso, é importante lembrar que a empatia é uma habilidade que pode ser aprendida e desenvolvida ao longo do tempo, assim como outras habilidades sociais. A psicanálise pode ajudar os líderes a compreender a si mesmos e aos outros, permitindo que eles se coloquem no lugar dos outros e entendam melhor seus pensamentos, emoções e comportamentos.

Uma das ferramentas mais úteis que a psicanálise pode oferecer para desenvolver a empatia é a interpretação. Ao interpretar as ações e comportamentos dos outros, os líderes podem entender as motivações por trás desses comportamentos e reconhecer suas próprias emoções em resposta a eles. Isso, por sua vez, permite que os líderes se comuniquem de maneira mais eficaz e autêntica com os membros da equipe, ajudando a construir relacionamentos mais fortes e eficazes.

Além disso, a psicanálise pode ajudar os líderes a lidar com conflitos interpessoais e a trabalhar com membros da equipe que têm pontos de vista e experiências diferentes. Ao se tornarem mais empáticos, os líderes podem ajudar a criar um ambiente de trabalho mais inclusivo e colaborativo, onde todos se sintam valorizados e ouvidos.

Outra habilidade importante que a psicanálise pode ajudar os líderes a desenvolver é a escuta ativa. Isso significa ouvir com atenção e sem julgamento, permitindo que a outra pessoa se sinta compreendida e ouvida. A escuta ativa pode ajudar os líderes a construir relacionamentos mais fortes com seus colegas e membros da equipe, bem como a resolver conflitos de forma mais eficaz.

A empatia é uma habilidade fundamental para a liderança autêntica, permitindo que o líder se conecte com seus colaboradores de maneira eficaz e compreenda suas necessidades e desejos. A psicanálise pode ajudar no desenvolvimento dessa habilidade, fornecendo ferramentas para a escuta ativa, a compreensão das emoções e sentimentos dos outros e a resolução construtiva de conflitos.

A empatia é uma habilidade crucial para os líderes autênticos, que desejam criar um ambiente de trabalho saudável e produtivo. A psicanálise pode ajudar os líderes a desenvolver essa habilidade, fornecendo uma compreensão mais profunda da natureza humana e ajudando a superar defesas psicológicas que possam impedir a conexão emocional com os outros.

A empatia é uma habilidade fundamental para a liderança autêntica, permitindo que os líderes compreendam melhor seus próprios pensamentos e emoções, bem como as perspectivas dos outros. A psicanálise pode ajudar os líderes a desenvolver essa habilidade, bem como outras habilidades sociais importantes, como a escuta ativa e a resolução de conflitos.

Relacionamentos: Compreendendo as dinâmicas interpessoais e construindo relacionamentos positivos e autênticos

No contexto da liderança, os relacionamentos interpessoais são extremamente importantes. Um líder autêntico deve ser capaz de compreender as dinâmicas interpessoais e desenvolver relacionamentos positivos e autênticos com sua equipe, colegas e outras partes interessadas. A psicanálise pode ajudar os líderes a entender melhor como as relações interpessoais são formadas, mantidas e, às vezes, quebradas.

Uma das principais contribuições da psicanálise para o entendimento das relações interpessoais é o conceito de transferência. A transferência ocorre quando um indivíduo projeta seus sentimentos e expectativas em relação a uma pessoa do passado (como um pai ou uma figura de autoridade) em uma pessoa no presente (como um líder). Isso pode influenciar significativamente a forma como as pessoas se relacionam com os líderes e entre si.

Ao usar a psicanálise para explorar as dinâmicas interpessoais, os líderes podem aprender a identificar padrões de transferência e a lidar com eles de maneira construtiva. Eles podem trabalhar para construir relacionamentos mais autênticos, baseados na compreensão mútua, respeito e confiança.

Além disso, a psicanálise também pode ajudar os líderes a entender melhor como lidar com conflitos interpessoais. Eles podem aprender a identificar as causas subjacentes dos conflitos e a desenvolver habilidades para lidar com eles de maneira positiva e produtiva. Eles também podem aprender a reconhecer seus próprios papéis na criação ou perpetuação de conflitos, bem como a lidar com suas próprias emoções e reações de forma construtiva.

A psicanálise pode ajudar os líderes a desenvolver um senso de empatia e compreensão em relação às perspectivas e necessidades dos outros. Eles podem aprender a se colocar no lugar dos outros e a ver as coisas a partir de perspectivas diferentes. Isso pode ajudar a construir relacionamentos mais autênticos e produtivos com sua equipe e outras partes interessadas.

Além disso, um líder autêntico também deve compreender as dinâmicas interpessoais e saber como construir relacionamentos positivos e autênticos com os membros de sua equipe. Isso envolve habilidades como comunicação clara e eficaz, escuta ativa e empatia.

A psicanálise pode ajudar um líder a entender as dinâmicas interpessoais e os motivos por trás do comportamento de seus colegas. Por exemplo, a teoria da transferência na psicanálise sugere que as pessoas podem projetar sentimentos e emoções não resolvidos de relacionamentos anteriores em seus relacionamentos atuais. Um líder autêntico pode usar essa compreensão para ter uma melhor compreensão de como seus colegas podem estar se sentindo e como suas próprias ações podem influenciar esses sentimentos.

Além disso, a psicanálise pode ajudar um líder a lidar com conflitos interpessoais de maneira mais eficaz. Por exemplo, a terapia de conflito interpessoal pode ajudar um líder a identificar seus próprios sentimentos e necessidades em relação ao conflito e a desenvolver habilidades para lidar com o conflito de maneira construtiva.

Em termos de construção de relacionamentos autênticos, a psicanálise pode ajudar um líder a ser mais consciente de suas próprias emoções e motivações e a se comunicar de maneira mais clara e autêntica. Isso pode levar a relacionamentos mais genuínos e significativos com colegas e membros da equipe.

No geral, a compreensão das dinâmicas interpessoais e a construção de relacionamentos autênticos são habilidades cruciais para um líder autêntico. A psicanálise pode fornecer ferramentas e insights valiosos para ajudar um líder a desenvolver essas habilidades e criar um ambiente de trabalho mais saudável e produtivo. Além disso, os líderes também precisam estar cientes de como suas próprias crenças e experiências pessoais podem influenciar seus relacionamentos interpessoais. A psicanálise pode ajudar a identificar padrões inconscientes de comportamento e pensamento que podem estar afetando a maneira como o líder se relaciona com sua equipe.

Ao entender melhor a dinâmica interpessoal, os líderes podem se concentrar em construir relacionamentos mais positivos e autênticos com sua equipe. Isso pode incluir a criação de um ambiente de trabalho aberto e inclusivo, onde todos os membros da equipe são respeitados e valorizados.

Os líderes também podem aprender a desenvolver habilidades de comunicação eficazes para garantir que seus relacionamentos com a equipe sejam construídos com base na compreensão e no respeito mútuo. Isso pode incluir a prática de ouvir ativamente e dar feedback construtivo, bem como o desenvolvimento de habilidades de resolução de conflitos.

Em última análise, a construção de relacionamentos autênticos com a equipe pode ser uma das chaves para a liderança eficaz. Quando os líderes estão comprometidos em construir relacionamentos positivos e autênticos, a equipe pode se sentir mais motivada e engajada, o que pode levar a melhores resultados e um ambiente de trabalho mais positivo e produtivo. A psicanálise pode ser uma ferramenta útil para ajudar os líderes a desenvolver essas habilidades interpessoais e construir relacionamentos mais autênticos com suas equipes.

A construção de relacionamentos autênticos é uma tarefa que exige muito do líder, já que envolve a compreensão e a aceitação de diferentes perspectivas e experiências pessoais. Porém, é uma habilidade crucial para a liderança eficaz, pois as relações interpessoais desempenham um papel fundamental no desempenho e na motivação da equipe.

A psicanálise pode ajudar os líderes a compreender e enfrentar questões que podem estar afetando seus relacionamentos interpessoais. Por exemplo, um líder que tenha dificuldade em estabelecer uma comunicação clara com a equipe pode estar lidando com questões de autoestima e autoconfiança. Ao compreender essas questões, o líder pode trabalhar para superar suas limitações pessoais e desenvolver habilidades mais eficazes de comunicação.

Outra questão que pode afetar a construção de relacionamentos autênticos é a falta de empatia. Um líder que não é capaz de se colocar no lugar da equipe pode ter dificuldade em entender as necessidades e preocupações de seus subordinados. A psicanálise pode ajudar a identificar e enfrentar essas questões, permitindo que o líder desenvolva habilidades mais empáticas e compreensivas.

Além disso, a psicanálise pode ajudar os líderes a lidar com conflitos interpessoais e construir relacionamentos mais positivos e produtivos com a equipe. Ao entender as dinâmicas subjacentes aos conflitos, o líder pode desenvolver estratégias eficazes para resolvê-los e construir relacionamentos mais saudáveis.

Para construir relacionamentos positivos e autênticos, é importante que os líderes tenham em mente algumas práticas importantes, tais como:

Estabelecer confiança: os líderes precisam criar um ambiente em que seus funcionários se sintam confortáveis para serem autênticos e honestos. Isso requer transparência, empatia e uma comunicação clara e aberta.

Criar um senso de comunidade: os líderes precisam incentivar um ambiente colaborativo e solidário em sua equipe. Eles devem apoiar a diversidade e a inclusão, criando um ambiente em que cada pessoa se sinta valorizada.

Estabelecer limites claros: os líderes precisam ser claros sobre suas expectativas para sua equipe e suas responsabilidades. Eles também precisam definir limites saudáveis para si próprios, evitando a sobrecarga e a exaustão.

Praticar a escuta ativa: os líderes devem praticar a escuta ativa, que envolve ouvir com atenção e sem julgamento. Eles devem permitir que seus funcionários se sintam ouvidos e valorizados.

Resolver conflitos de forma saudável: os líderes devem estar dispostos a enfrentar conflitos de forma construtiva e saudável. Isso requer habilidades de comunicação eficazes e a capacidade de lidar com emoções de maneira positiva.

Ao aplicar essas práticas em sua liderança, os líderes podem estabelecer relacionamentos mais autênticos e positivos com seus funcionários, o que pode levar a uma equipe mais feliz, motivada e produtiva.

A psicanálise pode ajudar os líderes a compreender melhor as dinâmicas interpessoais e a construir relacionamentos mais autênticos e produtivos com sua equipe e outras partes interessadas. Eles podem aprender a identificar e lidar com padrões de transferência, lidar com conflitos interpessoais de maneira construtiva e desenvolver um senso de empatia e compreensão em relação às perspectivas e necessidades dos outros. Tudo isso pode levar a uma liderança mais eficaz e autêntica.

A construção de relacionamentos autênticos é uma habilidade essencial para a liderança eficaz. A psicanálise pode ajudar os líderes a compreender as questões pessoais e interpessoais que afetam seus relacionamentos com a equipe e desenvolver habilidades mais eficazes de comunicação, empatia e resolução de conflitos .

Emoções: A importância de lidar com as emoções e sentimentos para a liderança autêntica

Lidar com as emoções é uma parte crucial da liderança autêntica. Os líderes devem ter a capacidade de reconhecer, entender e gerenciar suas próprias emoções, bem como as emoções dos outros. A psicanálise pode ser útil na compreensão das emoções e sentimentos, o que permite aos líderes lidar com eles de forma mais eficaz.

A capacidade de lidar com as emoções é fundamental para a tomada de decisões, a gestão de conflitos e a resolução de problemas no ambiente de trabalho. Os líderes precisam ser capazes de controlar suas próprias emoções e reações em situações estressantes ou desafiadoras, a fim de manter a calma e a objetividade. Ao mesmo tempo, eles precisam ser capazes de reconhecer e responder às emoções dos outros, demonstrando empatia e compreensão.

A psicanálise ajuda os líderes a explorar suas emoções e sentimentos, permitindo-lhes entender melhor como eles afetam seu comportamento e tomada de decisão. A terapia psicanalítica pode ajudar os líderes a descobrir padrões de comportamento inconsciente e a compreender a origem de seus medos e ansiedades. Isso pode ajudar os líderes a se tornarem mais conscientes de suas próprias emoções e a gerenciá-las de forma mais eficaz.

Ao lidar com as emoções dos outros, a psicanálise pode ajudar os líderes a desenvolver habilidades de empatia e compreensão. Ao compreender melhor as emoções dos outros, os líderes podem se comunicar de forma mais eficaz, tomar decisões mais informadas e construir relacionamentos mais autênticos. A psicanálise pode ajudar os líderes a desenvolver a capacidade de se colocar no lugar dos outros e compreender seus pontos de vista e necessidades.

A liderança autêntica não se trata apenas de habilidades técnicas e intelectuais, mas também de habilidades emocionais. As emoções têm um papel fundamental na maneira como os líderes se comportam e interagem com sua equipe, e a capacidade de lidar com essas emoções de maneira saudável pode fazer a diferença entre um líder eficaz e um líder que causa problemas para sua equipe.

A psicanálise pode ser uma ferramenta útil para ajudar os líderes a entender e lidar com suas emoções de maneira saudável. A psicanálise ensina que as emoções são uma parte natural da vida humana e que é importante aceitá-las e entendê-las, em vez de reprimi-las ou ignorá-las. Através da psicanálise, os líderes podem aprender a identificar e expressar suas emoções de maneira saudável e construtiva.

Um dos maiores desafios que os líderes enfrentam é a gestão do estresse. A pressão constante de liderar uma equipe pode levar a níveis elevados de estresse, o que pode afetar negativamente a tomada de decisões e a capacidade de liderar efetivamente. A psicanálise pode ajudar os líderes a entender os gatilhos de estresse e desenvolver estratégias para lidar com eles de maneira saudável.

Outro aspecto importante da liderança autêntica é a capacidade de entender e lidar com as emoções dos outros. A empatia é uma habilidade essencial para liderar com sucesso, e a psicanálise pode ajudar os líderes a desenvolver sua empatia e compreensão dos outros. Ao entender melhor as emoções e sentimentos dos membros da equipe, os líderes podem se comunicar mais efetivamente e construir relacionamentos mais fortes.

Além disso, a psicanálise pode ajudar os líderes a lidar com questões emocionais que possam surgir em sua equipe. Por exemplo, se um membro da equipe estiver passando por um momento difícil ou estiver enfrentando problemas emocionais, o líder pode precisar lidar com essas questões para garantir que o membro da equipe possa continuar a contribuir para a equipe de maneira positiva. Através da psicanálise, os líderes podem aprender a lidar com essas questões de maneira sensível e efetiva.

O líder autêntico sabe que as emoções fazem parte da vida e não as nega, nem as esconde. Pelo contrário, ele as compreende e aceita como parte de si mesmo e dos outros. Ele é capaz de identificar e nomear suas emoções, bem como as emoções dos outros, e sabe como lidar com elas de maneira construtiva.

Para desenvolver essa habilidade, a psicanálise pode ajudar os líderes a compreenderem melhor suas emoções e como elas afetam seus pensamentos e comportamentos. Através da terapia psicanalítica, o líder pode explorar as raízes de suas emoções e aprender a lidar com elas de maneira saudável e construtiva.

A psicanálise ensina que as emoções não podem ser controladas, mas podem ser compreendidas e gerenciadas. Quando os líderes são capazes de reconhecer suas emoções e as emoções dos outros, eles são capazes de lidar com situações desafiadoras de maneira mais eficaz e construtiva. Eles são capazes de construir relacionamentos mais fortes e autênticos, baseados na compreensão e aceitação mútua.

Além disso, a psicanálise ajuda os líderes a desenvolverem sua inteligência emocional, que é a capacidade de reconhecer, compreender e gerenciar as emoções em si mesmo e nos outros. A inteligência emocional é uma habilidade importante para a liderança autêntica, pois permite que os líderes se comuniquem de maneira mais eficaz, resolvam conflitos de forma construtiva e criem um ambiente de trabalho saudável e positivo.

As emoções e os sentimentos podem afetar significativamente a maneira como um líder toma decisões e interage com sua equipe. Por isso, é importante que líderes autênticos tenham uma compreensão profunda das suas próprias emoções e das emoções dos outros.

A psicanálise pode ajudar os líderes a lidar com suas emoções, identificar padrões de comportamento e entender as raízes de seus sentimentos. Por exemplo, se um líder está constantemente sentindo raiva em relação a um membro da equipe, a psicanálise pode ajudá-lo a identificar a origem desse sentimento e a encontrar maneiras mais produtivas de lidar com essa emoção.

Através da psicanálise, os líderes também podem aprender a reconhecer as emoções e sentimentos dos outros e a lidar com eles de forma eficaz. Isso envolve ser capaz de reconhecer quando alguém está se sentindo triste, estressado ou ansioso, e tomar medidas para ajudá-los a superar esses sentimentos.

Emoções também desempenham um papel importante na construção de relacionamentos autênticos. Líderes que são capazes de se conectar emocionalmente com sua equipe são mais propensos a criar relacionamentos mais fortes e duradouros. Além disso, a capacidade de entender as emoções dos outros e lidar com elas de maneira positiva pode ajudar a resolver conflitos e a construir uma cultura de trabalho mais colaborativa e produtiva.

No entanto, é importante lembrar que a liderança autêntica não significa que os líderes devam se tornar excessivamente emotivos ou agir impulsivamente em resposta às suas emoções. Em vez disso, a psicanálise pode ajudar os líderes a encontrar um equilíbrio saudável entre reconhecer e lidar com suas emoções e agir de maneira responsável e produtiva.

Líderes autênticos são aqueles que não apenas reconhecem suas próprias emoções, mas também são capazes de se conectar emocionalmente com os outros. Eles são capazes de entender como suas emoções afetam as pessoas ao seu redor e como as emoções dos outros afetam seu desempenho e sua tomada de decisão. Portanto, a capacidade de lidar com as emoções é um fator crítico para a liderança autêntica.

A psicanálise pode ajudar os líderes a desenvolver sua inteligência emocional e a lidar com suas emoções de maneira saudável e eficaz. Através da análise, os líderes podem aprender a identificar e entender suas emoções, bem como seus gatilhos emocionais e as crenças subjacentes que as alimentam. Eles podem trabalhar com um psicanalista para desenvolver estratégias para lidar com emoções negativas, como a raiva ou o medo, e aprender a expressar suas emoções de maneira mais clara e eficaz.

Além disso, a psicanálise pode ajudar os líderes a entender como as emoções afetam seus comportamentos e a tomar decisões mais informadas. Os líderes que são capazes de entender as emoções de sua equipe e de seus colegas são mais capazes de gerenciar conflitos e criar um ambiente de trabalho positivo e produtivo.

A psicanálise também pode ajudar os líderes a lidar com o estresse e a pressão que muitas vezes acompanham a liderança. Os líderes são frequentemente submetidos a situações estressantes e desafiadoras, e podem precisar de ajuda para lidar com a ansiedade e a pressão. Através da psicanálise, eles podem aprender técnicas para reduzir o estresse, gerenciar a ansiedade e manter o equilíbrio emocional em momentos difíceis.

Os líderes autênticos não negam suas emoções, mas em vez disso, as usam para entender a si mesmos e aos outros de maneira mais profunda. Quando um líder é capaz de reconhecer e gerenciar suas emoções, ele ou ela pode lidar com situações difíceis de maneira mais eficaz e ser mais empático com aqueles que os rodeiam.

Além disso, a liderança autêntica envolve ser autêntico e genuíno com os outros, o que significa compartilhar emoções de maneira apropriada. Quando um líder compartilha suas emoções com a equipe, isso pode ajudar a construir confiança e conexão. Por exemplo, se um líder compartilhar com a equipe que está se sentindo sobrecarregado, pode abrir espaço para que outros também compartilhem seus sentimentos e ofereçam suporte mútuo.

Outra habilidade importante relacionada às emoções é a regulação emocional. Isso envolve a capacidade de controlar e regular as próprias emoções, bem como ajudar os outros a regular as suas. Um líder autêntico pode ajudar a equipe a lidar com o estresse e a ansiedade, fornecendo ferramentas e recursos para ajudar a regular as emoções.

Além disso, um líder autêntico pode ser um modelo de como lidar com emoções de maneira saudável e produtiva. Isso pode incluir a capacidade de lidar com conflitos de maneira construtiva, em vez de evitar ou explodir com as emoções.

No geral, a liderança autêntica envolve reconhecer e gerenciar as emoções de si mesmo e dos outros. Quando um líder é capaz de fazer isso com sucesso, ele ou ela pode construir conexões mais profundas e produtivas com a equipe e lidar com situações difíceis de maneira mais eficaz. A psicanálise pode ajudar os líderes a desenvolver essas habilidades emocionais e se tornar líderes mais autênticos e eficazes.

A liderança autêntica requer a capacidade de lidar com as emoções e sentimentos. A psicanálise pode ajudar os líderes a entender melhor suas próprias emoções e as emoções dos outros, permitindo-lhes se comunicar de forma mais eficaz, tomar decisões mais informadas e construir relacionamentos mais autênticos.

A liderança autêntica exige que os líderes sejam capazes de lidar com suas próprias emoções e sentimentos, bem como compreender e lidar com as emoções dos outros. A psicanálise pode ser uma ferramenta valiosa para ajudar os líderes a desenvolver essas habilidades emocionais e se tornar líderes mais eficazes e autênticos.

A psicanálise pode ajudar os líderes a lidar com as emoções de maneira saudável e construtiva, o que é fundamental para a liderança autêntica. Quando os líderes são capazes de compreender e gerenciar suas emoções e as emoções dos outros, eles são capazes de construir relacionamentos mais autênticos e eficazes, e criar um ambiente de trabalho mais saudável e positivo para todos.

A capacidade de lidar com as emoções é um componente fundamental da liderança autêntica. A psicanálise pode ajudar os líderes a desenvolver sua inteligência emocional, lidar com emoções negativas e entender como as emoções afetam seu comportamento e tomada de decisão. Ao fazer isso, eles se tornam líderes mais eficazes e capazes de criar um ambiente de trabalho positivo e produtivo.

Estilo de liderança: Descobrindo seu estilo de liderança autêntica e como a psicanálise pode ajudar

O estilo de liderança de uma pessoa é influenciado por muitos fatores, como sua personalidade, histórico de vida, experiências profissionais e valores pessoais. Embora existam muitas teorias sobre estilos de liderança, a liderança autêntica é caracterizada por um estilo de liderança que é genuíno, transparente e baseado em valores pessoais autênticos. A liderança autêntica envolve a capacidade de ser você mesmo como líder, em vez de tentar se encaixar em um molde pré-determinado de liderança.

A psicanálise pode ajudar os líderes a descobrir seu estilo de liderança autêntica, ajudando-os a explorar suas motivações, desejos e medos inconscientes. A psicanálise é uma abordagem terapêutica que visa explorar os processos mentais inconscientes que influenciam o comportamento humano. Através da introspecção e reflexão, a psicanálise pode ajudar os líderes a identificar suas crenças e valores pessoais, a compreender seus medos e inseguranças, e a reconhecer suas forças e limitações.

Ao trabalhar com um psicanalista, os líderes podem explorar questões que podem estar interferindo em seu estilo de liderança autêntica, como padrões de pensamento limitantes ou hábitos de comportamento que não servem mais a seus objetivos. O psicanalista pode ajudar os líderes a identificar esses padrões e a desenvolver estratégias para superá-los.

Um líder autêntico é capaz de inspirar e motivar sua equipe, criando um ambiente de trabalho positivo e produtivo. Eles são honestos, transparentes e trabalham com integridade. Ao descobrir seu estilo de liderança autêntica, os líderes podem maximizar sua eficácia, inspirando seus funcionários a alcançar o sucesso e o crescimento profissional.

Ao utilizar a psicanálise na descoberta de seu estilo de liderança, o líder pode compreender as influências que moldaram suas preferências e abordagens de liderança. Isso pode ajudá-lo a desenvolver uma compreensão mais profunda de seus pontos fortes e limitações e a moldar sua liderança de uma maneira mais autêntica e eficaz.

Além disso, a psicanálise pode ajudar o líder a identificar e trabalhar em padrões de comportamento inconscientes que possam estar impedindo sua capacidade de liderar de forma autêntica. Por exemplo, se um líder tem medo de assumir riscos, isso pode estar relacionado a experiências passadas que o condicionaram a evitar o risco. Com a ajuda da psicanálise, o líder pode identificar esses padrões e trabalhar para superá-los, permitindo que ele se torne um líder mais autêntico e corajoso.

A psicanálise também pode ajudar o líder a entender como suas próprias emoções e experiências afetam sua liderança. Por exemplo, se um líder tem tendência a reagir de forma agressiva quando enfrenta uma situação desafiadora, ele pode aprender a reconhecer esses gatilhos e desenvolver estratégias para controlar suas reações emocionais e lidar com a situação de forma mais construtiva.

No geral, a psicanálise pode ajudar o líder a entender a si mesmo e aos outros de uma maneira mais profunda, permitindo que ele se torne um líder mais autêntico e eficaz. Com um estilo de liderança autêntico, o líder pode inspirar e motivar sua equipe, alcançando melhores resultados e construindo relacionamentos mais positivos e duradouros com seus funcionários.

Outra abordagem importante da psicanálise para ajudar os líderes a descobrir seu estilo de liderança autêntica é a análise dos sonhos. Os sonhos são vistos como uma manifestação do inconsciente, e interpretá-los pode fornecer informações valiosas sobre desejos, medos e ansiedades ocultos. O líder pode trazer um sonho recorrente para análise e trabalhar com o psicanalista para interpretá-lo e descobrir o que pode estar influenciando seu comportamento e tomada de decisão.

A análise de transferência também pode ser útil para ajudar um líder a descobrir seu estilo de liderança autêntica. A transferência ocorre quando um indivíduo projeta emoções e sentimentos em outra pessoa, muitas vezes inconscientemente. Ao trabalhar com um psicanalista, um líder pode descobrir padrões de transferência em suas interações com os membros da equipe e usar essas informações para entender melhor seu estilo de liderança.

Outra técnica de psicanálise que pode ajudar a descobrir o estilo de liderança autêntica de um indivíduo é a análise de resistência. A resistência é vista como uma barreira à mudança e ao progresso, e pode se manifestar como evasão, desculpas ou mesmo hostilidade em relação ao psicanalista. Ao trabalhar com um psicanalista para entender suas resistências, um líder pode descobrir padrões de comportamento que podem estar afetando seu estilo de liderança e trabalhar para superá-los.

A psicanálise pode ajudar o líder a compreender os padrões que moldam seu estilo de liderança. Ao explorar as experiências de infância e os relacionamentos familiares, a psicanálise pode ajudar o líder a identificar os comportamentos aprendidos que afetam sua liderança.

Por exemplo, um líder que cresceu em um ambiente onde a autoridade era sempre questionada pode ter dificuldade em estabelecer limites com sua equipe. A psicanálise pode ajudar esse líder a compreender a origem dessa dificuldade e a desenvolver estratégias para superá-la.

Além disso, a psicanálise pode ajudar o líder a se tornar mais consciente de suas próprias motivações e valores. Isso pode ajudá-lo a se tornar um líder mais autêntico, que é capaz de liderar com base em seus próprios princípios em vez de seguir as expectativas dos outros.

Em última análise, o objetivo da psicanálise na descoberta do estilo de liderança autêntica é ajudar o líder a se tornar mais consciente de si mesmo e de como suas experiências de vida moldaram sua liderança. Isso pode ajudá-lo a liderar de uma maneira mais eficaz e autêntica, inspirando sua equipe a alcançar todo o seu potencial.

Além disso, a psicanálise pode ajudar o líder a compreender melhor seu estilo de liderança e como ele afeta a dinâmica da equipe. Por exemplo, um líder pode descobrir que seu estilo autoritário está inibindo a criatividade e a colaboração da equipe. Com a ajuda da psicanálise, ele pode explorar as raízes desse comportamento e trabalhar para mudá-lo.

Outro exemplo pode ser um líder que descobre que seu estilo de liderança é muito passivo e que está permitindo que os membros da equipe tomem decisões que vão contra os objetivos da empresa. Com a ajuda da psicanálise, ele pode entender por que tem dificuldade em assumir o controle e trabalhar para encontrar um equilíbrio entre ser colaborativo e assertivo.

O processo de descobrir e trabalhar em seu estilo de liderança autêntica com a ajuda da psicanálise pode ser um processo desafiador, mas é uma parte crucial do desenvolvimento de liderança autêntica. Quando os líderes são capazes de reconhecer e abordar seus próprios pontos cegos, eles se tornam mais eficazes em suas funções de liderança e criam ambientes de trabalho mais saudáveis e produtivos.

Uma vez que o líder tenha uma compreensão mais profunda de seu estilo de liderança autêntica, a psicanálise pode ajudar a identificar e superar os desafios e obstáculos que possam estar impedindo seu sucesso. Esses obstáculos podem incluir padrões de comportamento inconscientes, crenças limitantes e medos pessoais que estão afetando a maneira como o líder se relaciona com seus colaboradores, clientes e stakeholders.

A psicanálise também pode ajudar a desenvolver habilidades de liderança específicas, como a capacidade de dar feedback construtivo, resolver conflitos de maneira eficaz e inspirar e motivar os colaboradores. Ao compreender as dinâmicas psicológicas que influenciam a liderança, os líderes podem aprender a ser mais empáticos, compreensivos e compassivos, o que pode ajudá-los a criar um ambiente de trabalho mais positivo e produtivo.

Além disso, a psicanálise pode ajudar os líderes a se tornarem mais conscientes de suas próprias emoções e sentimentos, bem como dos dos seus colaboradores. Ao desenvolver uma maior consciência emocional, os líderes podem aprender a lidar com as emoções de maneira mais eficaz, reduzindo o estresse e a ansiedade e criando um ambiente de trabalho mais saudável e equilibrado.

A psicanálise pode ajudar os líderes a descobrir seu estilo de liderança autêntica, compreender suas motivações e inseguranças e desenvolver estratégias para superar obstáculos que possam estar impedindo seu sucesso como líderes. A liderança autêntica é fundamental para a criação de uma cultura organizacional positiva e produtiva, onde os funcionários se sintam valorizados e motivados a alcançar o sucesso.

A psicanálise pode ajudar os líderes a descobrir seu estilo de liderança autêntica, fornecendo ferramentas para a autoexploração, análise de sonhos, interpretação de transferência e análise de resistência. Essas técnicas podem ajudar um líder a entender seus desejos, medos, crenças e valores inconscientes, bem como padrões de comportamento que podem estar afetando seu desempenho como líder. Com uma melhor compreensão de si mesmos, os líderes podem desenvolver uma liderança autêntica que seja eficaz, autêntica e inspiradora para suas equipes.

A psicanálise pode ser uma ferramenta valiosa para os líderes que desejam se tornar mais autênticos, eficazes e bem-sucedidos em suas funções. Ao ajudar os líderes a descobrir seus pontos cegos, compreender as dinâmicas interpessoais e desenvolver habilidades de liderança específicas, a psicanálise pode ajudar a criar uma cultura organizacional mais positiva, produtiva e satisfatória para todos os envolvidos.

Comunicação: Melhorando a comunicação e a expressão de sentimentos e emoções como líder autêntico

A comunicação é um aspecto fundamental da liderança autêntica, pois permite que os líderes se conectem e influenciam sua equipe de maneira eficaz. No entanto, muitas vezes, a comunicação pode ser afetada por barreiras emocionais que impedem a expressão clara e sincera de sentimentos e emoções.

A psicanálise pode ser uma ferramenta poderosa para ajudar os líderes a superar essas barreiras emocionais e melhorar sua comunicação. Através da autoexploração, os líderes podem entender melhor seus próprios sentimentos e emoções, permitindo-lhes expressar-se com mais clareza e autenticidade.

Além disso, a psicanálise também pode ajudar os líderes a entender a perspectiva dos outros e adaptar sua comunicação para atender às necessidades e expectativas individuais de cada membro da equipe. Isso pode ser particularmente importante em equipes com culturas e backgrounds diversos, onde a compreensão mútua pode ser desafiadora.

Ao trabalhar com um psicanalista, os líderes podem desenvolver habilidades de comunicação mais eficazes, como escuta ativa, empatia e expressão clara de ideias e sentimentos. Essas habilidades podem ajudar a criar um ambiente de trabalho mais colaborativo, onde os membros da equipe se sintam ouvidos e valorizados.

Além disso, a comunicação autêntica e clara pode ajudar a construir relações de confiança entre os líderes e seus subordinados. Quando os líderes são honestos e transparentes sobre seus sentimentos e motivações, isso pode levar a uma maior confiança e engajamento da equipe, bem como a um maior senso de propósito e alinhamento.

Uma boa comunicação é essencial para o sucesso da liderança autêntica. Ela permite que os líderes expressem claramente suas ideias, pensamentos e sentimentos, e também ajuda a garantir que suas equipes estejam trabalhando em direção aos mesmos objetivos.

A psicanálise pode ajudar os líderes a entender melhor sua própria comunicação e como ela afeta as pessoas ao seu redor. Por exemplo, um líder pode descobrir que sua comunicação é muitas vezes agressiva ou defensiva, o que pode levar a conflitos com sua equipe.

A psicanálise pode ajudar esses líderes a explorar as razões por trás desses comportamentos e ajudá-los a encontrar maneiras mais saudáveis e produtivas de se comunicar. Além disso, a psicanálise também pode ajudar a melhorar a escuta ativa, permitindo que os líderes ouçam seus colaboradores de forma mais eficaz e compreensiva.

Ao desenvolver habilidades de comunicação mais eficazes, os líderes podem estabelecer relações mais confiáveis e autênticas com suas equipes e também podem reduzir conflitos e mal-entendidos que podem surgir devido a falhas de comunicação.

Algumas técnicas psicanalíticas que podem ajudar os líderes a melhorar sua comunicação incluem:

Análise da linguagem corporal: A psicanálise pode ajudar os líderes a entender melhor a mensagem que sua linguagem corporal transmite, permitindo que eles se comuniquem de maneira mais clara e eficaz.

Identificação de gatilhos emocionais: Os líderes podem trabalhar com um psicanalista para identificar seus gatilhos emocionais, como raiva ou medo, e aprender a controlá-los para evitar comunicações inadequadas.

Desenvolvimento da empatia: A psicanálise pode ajudar os líderes a desenvolver habilidades de empatia e a compreender melhor os pontos de vista de seus colaboradores, permitindo uma comunicação mais eficaz e autêntica.

Identificação de crenças limitantes: Os líderes podem trabalhar com um psicanalista para identificar crenças limitantes que podem estar afetando sua comunicação e trabalhar para superá-las.

Ao adotar essas técnicas e abordagens psicanalíticas, os líderes podem melhorar significativamente sua comunicação e se tornar líderes mais autênticos e eficazes.

Existem algumas estratégias que podem ajudar os líderes a melhorar sua comunicação e expressão de sentimentos e emoções de maneira autêntica:

Praticar a escuta ativa: Isso significa ouvir atentamente o que os outros estão dizendo e tentar compreender seus pontos de vista. Quando as pessoas sentem que estão sendo ouvidas, elas são mais propensas a serem abertas e honestas em suas próprias comunicações.

Ser claro e direto: Os líderes autênticos comunicam suas ideias e expectativas de maneira clara e direta, evitando linguagem técnica ou jargões que possam ser confusos ou intimidantes.

Falar com autenticidade: A autenticidade na comunicação é essencial para construir confiança e relacionamentos saudáveis. Os líderes devem ser sinceros e transparentes em suas comunicações, compartilhando suas próprias emoções e sentimentos de maneira apropriada e respeitosa.

Usar a empatia: Os líderes autênticos também devem usar a empatia em sua comunicação, tentando compreender o ponto de vista dos outros e adaptando sua comunicação para atender às necessidades individuais de cada membro da equipe.

Ser flexível: A comunicação eficaz requer flexibilidade e adaptação. Os líderes devem ser capazes de ajustar seu estilo de comunicação de acordo com as necessidades e estilos individuais de cada membro da equipe.

A psicanálise pode ajudar os líderes a desenvolver essas habilidades, explorando suas próprias emoções e como elas influenciam sua comunicação e expressão. Os líderes também podem trabalhar com um psicanalista para explorar padrões de comunicação não saudáveis e encontrar maneiras de se comunicar de maneira mais autêntica e eficaz.

A comunicação é uma das habilidades mais importantes para um líder autêntico. Através da comunicação, o líder pode expressar suas ideias, valores e visão, e influenciar positivamente as pessoas ao seu redor. No entanto, muitos líderes têm dificuldade em se comunicar de maneira clara e eficaz, o que pode afetar sua capacidade de liderança e relacionamentos com suas equipes.

A psicanálise pode ajudar os líderes a melhorar sua comunicação, explorando os padrões de comportamento e pensamento que podem afetar sua capacidade de se comunicar de forma eficaz. Através da psicanálise, o líder pode aprender a identificar seus pontos cegos na comunicação e trabalhar para superá-los. Além disso, a psicanálise pode ajudar os líderes a entender suas próprias emoções e sentimentos, o que pode melhorar sua capacidade de se comunicar de forma autêntica e eficaz.

Uma das principais técnicas da psicanálise que pode ajudar os líderes a melhorar sua comunicação é a introspecção. A introspecção é a capacidade de olhar para dentro de si mesmo e examinar seus próprios pensamentos, sentimentos e comportamentos. Ao praticar a introspecção, o líder pode identificar padrões de pensamento ou comportamento que possam estar afetando sua capacidade de se comunicar de forma clara e eficaz. Por exemplo, um líder pode descobrir que está evitando tópicos difíceis ou expressando emoções de forma inadequada.

Além disso, a psicanálise pode ajudar os líderes a desenvolver habilidades de comunicação mais avançadas, como a escuta ativa e a comunicação não verbal. A escuta ativa é uma técnica que envolve prestar atenção atentamente ao que a outra pessoa está dizendo e respondendo de maneira apropriada. A comunicação não verbal envolve o uso de expressões faciais, postura e tom de voz para transmitir emoções e sentimentos.

A psicanálise também pode ajudar os líderes a entender melhor os outros e a adaptar sua comunicação a diferentes pessoas e situações. Por exemplo, um líder pode aprender a se comunicar de maneira diferente com um membro da equipe que é mais introvertido em comparação com outro que é mais extrovertido. Isso pode ajudar o líder a estabelecer relacionamentos mais positivos e autênticos com seus colegas e equipes.

A comunicação é uma habilidade crítica para qualquer líder autêntico, pois é através dela que a visão, missão e objetivos da empresa são transmitidos e entendidos por todos os envolvidos. Uma comunicação eficaz é fundamental para a criação de um ambiente de trabalho colaborativo e produtivo, que é essencial para o sucesso de uma organização.

A psicanálise pode ajudar os líderes a melhorar sua comunicação de várias maneiras. Em primeiro lugar, ela pode ajudá-los a entender melhor como suas próprias experiências passadas e emoções podem estar afetando a forma como eles se comunicam. Os líderes podem ter tendência a serem muito autoritários em suas comunicações, ou podem ter dificuldades em se expressar claramente e de forma concisa. Ao entender as raízes desses comportamentos, eles podem começar a trabalhar para superá-los e se comunicar de forma mais eficaz.

A psicanálise também pode ajudar os líderes a desenvolverem empatia e habilidades de escuta ativa. Essas habilidades são essenciais para uma comunicação eficaz, pois permitem que o líder entenda melhor as necessidades e preocupações dos membros da equipe e se comunique de maneira mais apropriada. A psicanálise pode ajudar os líderes a compreenderem como os membros da equipe podem estar se sentindo e, por sua vez, a comunicarem-se de maneira mais eficaz com eles.

Além disso, a psicanálise pode ajudar os líderes a entenderem melhor a importância da comunicação não verbal. Muitas vezes, a comunicação não verbal, como expressões faciais e linguagem corporal, é tão importante quanto as palavras que são ditas. A psicanálise pode ajudar os líderes a reconhecerem as suas próprias expressões e linguagem corporal e como elas podem estar afetando a forma como eles são percebidos pelos outros. Eles podem então trabalhar para ajustar esses comportamentos para comunicar de forma mais eficaz.

A psicanálise pode ajudar os líderes a melhorar sua comunicação e expressão emocional, permitindo-lhes conectar-se mais eficazmente com suas equipes e criar um ambiente de trabalho mais autêntico e colaborativo.

A comunicação é uma habilidade essencial para um líder autêntico e eficaz. A psicanálise pode ajudar os líderes a melhorar sua comunicação, examinando seus próprios padrões de pensamento e comportamento e desenvolvendo habilidades avançadas de comunicação, como a escuta ativa e a comunicação não verbal. Com uma comunicação mais clara e autêntica, os líderes podem estabelecer relacionamentos mais positivos e eficazes com suas equipes e influenciar positivamente a cultura organizacional como um todo.

A psicanálise pode ajudar os líderes a melhorar a comunicação em todos os níveis da organização, incluindo com seus colegas de trabalho, subordinados e clientes. Ao desenvolver habilidades de comunicação mais eficazes, os líderes podem criar um ambiente de trabalho mais produtivo e colaborativo, o que é essencial para o sucesso de qualquer empresa.

Desafios da liderança autêntica: Como lidar com as dificuldades da liderança autêntica e superar obstáculos

Embora a liderança autêntica possa ser uma abordagem eficaz para liderar equipes e organizações, também apresenta desafios e obstáculos que podem dificultar sua implementação. É importante que os líderes estejam cientes desses desafios e desenvolvam estratégias para superá-los. Alguns dos principais desafios enfrentados pelos líderes autênticos incluem:

Vulnerabilidade e abertura - A liderança autêntica envolve a abertura e a vulnerabilidade do líder, o que pode ser difícil para alguns líderes que estão acostumados a manter uma imagem forte e confiante. Ser autêntico significa estar disposto a admitir erros e fraquezas, o que pode ser difícil para alguns líderes que temem parecer fracos ou incompetentes.

Resistência à mudança - A liderança autêntica envolve mudanças na cultura organizacional e na maneira como as coisas são feitas. Alguns membros da equipe podem resistir a essas mudanças, especialmente se estiverem acostumados a um estilo de liderança diferente. É importante que os líderes autênticos sejam pacientes e estejam preparados para trabalhar com a equipe para superar a resistência à mudança.

Dificuldades de comunicação - A comunicação é uma parte fundamental da liderança autêntica, mas pode ser difícil para os líderes transmitirem com clareza seus pensamentos e sentimentos aos membros da equipe. É importante que os líderes autênticos pratiquem a comunicação efetiva e trabalhem para garantir que suas mensagens sejam entendidas claramente.

Expectativas irreais - Os líderes autênticos podem ter expectativas elevadas para si e para a equipe, o que pode levar à frustração e desapontamento se as coisas não saírem como planejado. É importante que os líderes autênticos sejam realistas em suas expectativas e trabalhem com a equipe para alcançar metas realistas e alcançáveis.

Desafios de diversidade - A liderança autêntica valoriza a diversidade e a inclusão, mas pode ser difícil para alguns líderes gerenciar as diferenças culturais e de opiniões dentro da equipe. É importante que os líderes autênticos sejam abertos e respeitosos com as diferenças culturais e de opinião e trabalhem para criar um ambiente inclusivo e colaborativo.

Para superar esses desafios, os líderes autênticos devem estar dispostos a se autoconhecer, a praticar a comunicação eficaz, a trabalhar com a equipe para criar um ambiente inclusivo e a ser pacientes e realistas em suas expectativas. A psicanálise pode ser uma ferramenta valiosa para ajudar os líderes a lidar com esses desafios, fornecendo insights sobre suas emoções, pensamentos e comportamentos. Além disso, a terapia pode ajudar os líderes a desenvolver habilidades de comunicação e a superar crenças limitantes que podem impedir o progresso da liderança autêntica.

Para lidar com os desafios da liderança autêntica, é necessário um compromisso constante com o autoconhecimento e a melhoria contínua. Os líderes autênticos precisam estar preparados para enfrentar obstáculos e superar desafios, incluindo o medo de mudança, a resistência a feedbacks negativos e a pressão para tomar decisões difíceis.

Um dos maiores desafios para a liderança autêntica é a mudança, pois muitas vezes os líderes se sentem confortáveis em suas zonas de conforto e resistem a mudanças que possam comprometer sua identidade. No entanto, é fundamental que os líderes autênticos sejam flexíveis e se adaptem a novas situações e circunstâncias, pois isso é essencial para o crescimento e a evolução pessoal e profissional.

Outro desafio é lidar com feedbacks negativos, que podem ser difíceis de receber e aceitar. Os líderes autênticos devem estar abertos a críticas construtivas e aprender com elas, em vez de se sentir ameaçados ou defensivos. Isso pode ser um processo doloroso, mas é necessário para o desenvolvimento pessoal e para o sucesso da organização.

A pressão para tomar decisões difíceis é outro desafio comum na liderança autêntica. Os líderes autênticos precisam ser capazes de tomar decisões difíceis com confiança e coragem, mesmo quando isso significa ir contra a corrente ou enfrentar oposição. É importante lembrar que as decisões difíceis muitas vezes resultam em mudanças positivas e progressivas, e os líderes autênticos devem se sentir à vontade para tomar riscos calculados e tomar decisões que podem ser impopulares.

Além disso, os líderes autênticos podem enfrentar desafios ao estabelecer relações de confiança e respeito com seus colegas e subordinados. Isso pode ser particularmente difícil se o líder estiver lidando com equipes ou membros da equipe que não estão familiarizados com o estilo de liderança autêntica. No entanto, a comunicação aberta e honesta, o feedback construtivo e a confiança são essenciais para construir relacionamentos saudáveis e duradouros no local de trabalho.

Os líderes autênticos também precisam estar preparados para lidar com conflitos e tensões, que são inevitáveis em qualquer ambiente de trabalho. É importante que os líderes autênticos aprendam a gerenciar conflitos de maneira eficaz e respeitosa, buscando uma solução justa e colaborativa que atenda às necessidades de todas as partes envolvidas.

Para lidar com os desafios da liderança autêntica, é importante ter em mente que não há uma solução única para todos os problemas. Cada situação é única e exige uma abordagem diferente. No entanto, existem algumas estratégias gerais que os líderes autênticos podem adotar para superar os obstáculos e enfrentar os desafios da liderança autêntica. A seguir, apresentamos algumas delas:

Mantenha-se fiel aos seus valores e princípios

Um dos principais desafios da liderança autêntica é manter-se fiel aos seus valores e princípios, mesmo em situações difíceis. Quando confrontado com decisões difíceis, é tentador ceder à pressão externa e agir de maneira contrária aos seus valores. No entanto, ao fazer isso, você corre o risco de perder a confiança dos seus seguidores e comprometer a sua integridade como líder.

Por isso, é importante que você mantenha-se fiel aos seus valores e princípios, mesmo em situações difíceis. Ao fazer isso, você demonstra aos seus seguidores que é um líder confiável e comprometido com os seus ideais.

Desenvolva habilidades de comunicação

A comunicação é fundamental para a liderança autêntica. Como líder autêntico, você precisa ser capaz de se comunicar de forma clara e eficaz com os seus seguidores. Isso significa ser capaz de ouvir atentamente, expressar-se de forma clara e transmitir a sua mensagem de maneira eficaz.

Desenvolver habilidades de comunicação eficazes pode ser um desafio, especialmente se você não tem muita experiência nessa área. No entanto, existem muitos recursos disponíveis que podem ajudá-lo a aprimorar as suas habilidades de comunicação, como livros, cursos e treinamentos.

Seja autêntico e transparente

Um dos princípios fundamentais da liderança autêntica é a transparência. Como líder autêntico, você precisa ser autêntico e transparente com os seus seguidores. Isso significa ser honesto e aberto sobre os seus sentimentos, pensamentos e intenções.

Ser autêntico e transparente pode ser um desafio, especialmente em situações difíceis. No entanto, ao fazê-lo, você demonstra aos seus seguidores que é um líder confiável e comprometido com a verdade.

Aprenda com as falhas e fracassos

Como líder autêntico, você inevitavelmente enfrentará falhas e fracassos ao longo do caminho. No entanto, em vez de ver esses fracassos como uma derrota, é importante vê-los como uma oportunidade de aprendizado e crescimento.

Ao aprender com as suas falhas e fracassos, você pode identificar áreas em que precisa melhorar e desenvolver novas habilidades e estratégias para enfrentar os desafios da liderança autêntica.

Mantenha-se flexível e adaptável

A liderança autêntica exige flexibilidade e adaptabilidade. Como líder autêntico, você precisa ser capaz de se adaptar às mudanças e responder aos desafios de maneira flexível e ágil.

Liderança autêntica é um processo contínuo de autoconhecimento, auto aperfeiçoamento e desenvolvimento de habilidades para lidar com outras pessoas de maneira eficaz e autêntica. No entanto, esse processo não é fácil e está sujeito a diversos desafios que podem impedir o desenvolvimento e aprimoramento da liderança autêntica.

Um dos principais desafios enfrentados pelos líderes autênticos é a resistência à mudança. Quando um líder começa a questionar suas crenças e valores pessoais e profissionais, pode ser difícil aceitar que mudanças são necessárias para alcançar a autenticidade na liderança. Isso pode gerar desconforto e até mesmo medo de enfrentar o desconhecido e sair da zona de conforto.

Outro desafio é lidar com a pressão e expectativas externas. Muitas vezes, líderes são pressionados a seguir padrões impostos pela sociedade ou por organizações em que trabalham, em vez de seguir seus próprios valores e crenças. Além disso, líderes autênticos podem ser mal compreendidos ou até mesmo ridicularizados por seus pares ou subordinados, o que pode afetar sua autoestima e motivação.

Lidar com conflitos é outro desafio comum para líderes autênticos. Em vez de evitar conflitos ou agir de maneira autoritária, líderes autênticos devem estar preparados para lidar com situações difíceis de forma construtiva e colaborativa. Isso pode envolver a escuta ativa, a comunicação clara e honesta, e a busca de soluções que atendam a todos os envolvidos.

A liderança autêntica também pode ser desafiadora quando se trata de manter o equilíbrio entre a vida pessoal e profissional. Como líderes autênticos estão sempre buscando aprimorar sua liderança, pode ser fácil cair na armadilha de trabalhar excessivamente e negligenciar outras áreas da vida. É importante encontrar um equilíbrio saudável entre trabalho e vida pessoal para evitar o esgotamento e a falta de motivação.

A psicanálise pode ser uma ferramenta valiosa para ajudar líderes autênticos a enfrentar esses desafios. Através da análise e compreensão de emoções, pensamentos e comportamentos, os líderes podem desenvolver a capacidade de lidar com mudanças, gerenciar conflitos, manter a motivação e equilibrar trabalho e vida pessoal. Além disso, a psicanálise também pode ajudar a identificar padrões de comportamento limitantes e encontrar formas de superá-los.

É importante que o líder esteja disposto a fazer uma reflexão contínua sobre si mesmo e suas ações. A psicanálise pode ajudar nesse processo, pois proporciona ferramentas para explorar as camadas mais profundas da mente, identificar padrões de comportamento e lidar com questões emocionais.

Uma das principais dificuldades da liderança autêntica é lidar com a resistência de outras pessoas, especialmente daquelas que não compartilham os mesmos valores e visão. É importante que o líder esteja preparado para lidar com essas situações de maneira assertiva, sem abrir mão de sua autenticidade.

Além disso, o líder autêntico precisa estar ciente de que a mudança não acontece da noite para o dia e que é preciso ter paciência e perseverança para alcançar os resultados desejados. É importante também que ele saiba lidar com a pressão e o estresse, buscando formas saudáveis de lidar com essas emoções.

Outro desafio é manter o equilíbrio entre sua autenticidade e a necessidade de adaptar-se às demandas do ambiente em que está inserido. O líder autêntico precisa estar ciente de que sua visão e seus valores podem não ser compartilhados por todos, e que é preciso encontrar um equilíbrio entre sua autenticidade e a capacidade de se adaptar às circunstâncias.

Um dos maiores desafios da liderança autêntica é lidar com o medo de ser vulnerável. É comum que líderes se sintam pressionados a manter uma imagem forte e inabalável, mas a vulnerabilidade pode ser uma ferramenta poderosa para construir relacionamentos mais autênticos e significativos. Ao aceitar e expressar suas emoções e fraquezas, o líder pode se conectar de maneira mais profunda com sua equipe e inspirar confiança e lealdade.

Ao superar esses desafios, o líder autêntico é capaz de construir relacionamentos significativos, inspirar e motivar sua equipe, e alcançar resultados duradouros e satisfatórios.

A liderança autêntica não é um caminho fácil, mas é um caminho que pode levar a recompensas significativas. Os líderes autênticos devem estar preparados para enfrentar desafios e superar obstáculos, mantendo um compromisso constante com o autoconhecimento, a melhoria contínua e a comunicação aberta e honesta. Com paciência, persistência e coragem, os líderes autênticos podem inspirar suas equipes, promover a inovação.

A liderança autêntica é um processo desafiador, mas recompensador, que exige autoconhecimento, desenvolvimento de habilidades e enfrentamento de desafios. Ao lidar com os obstáculos da liderança autêntica, os líderes podem se tornar mais confiantes, resilientes e eficazes em suas posições de liderança. A psicanálise pode ser uma ferramenta valiosa para ajudar líderes a superar esses desafios e desenvolver a liderança autêntica.

Conclusão

Exploramos como a psicanálise pode ser aplicada à liderança autêntica, abordando temas como autoconsciência, auto estima, empatia, relacionamentos, emoções, estilo de liderança, comunicação e desafios da liderança autêntica.

Através do conhecimento desses temas e da aplicação prática dos insights psicanalíticos, líderes podem se tornar mais autênticos e eficazes em suas posições. A liderança autêntica envolve conhecer a si mesmo, desenvolver relacionamentos positivos e autênticos com os outros, lidar com as emoções e sentimentos de maneira saudável, se comunicar de forma clara e eficaz e superar os desafios da liderança de forma resiliente.

A aplicação da psicanálise à liderança autêntica não é uma fórmula mágica, mas sim uma abordagem holística que exige reflexão, auto-exploração e esforço contínuo. No entanto, os benefícios são significativos e podem levar a líderes mais confiantes, conectados e eficazes, capazes de criar culturas de trabalho saudáveis e positivas e de inspirar suas equipes a alcançar seus objetivos.

Em última análise, a liderança autêntica não é apenas sobre desempenho ou resultados, mas também sobre o bem-estar e a felicidade das pessoas que lideramos. A psicanálise nos ajuda a entender que somos seres complexos e emocionais, e que a liderança autêntica começa com uma compreensão profunda de nós mesmos e dos outros. Ao fazer isso, podemos nos tornar líderes mais eficazes e autênticos, capazes de fazer uma diferença positiva em nossas vidas e nas vidas das pessoas que lideramos.

A liderança autêntica é um desafio constante para muitos líderes em diversas áreas e setores. No entanto, a psicanálise pode ser uma ferramenta valiosa para ajudar os líderes a desenvolverem habilidades e competências importantes para uma liderança autêntica.

Ao longo deste livro, exploramos diversos tópicos relacionados à liderança autêntica e como a psicanálise pode contribuir para o desenvolvimento dessas habilidades. Falamos sobre autoconhecimento, autoestima, empatia, relacionamentos, emoções, estilo de liderança, comunicação e desafios da liderança autêntica.

Essas habilidades não são apenas importantes para a liderança autêntica, mas também para o bem-estar pessoal e profissional dos líderes. Compreender a si mesmo e aos outros, lidar com as emoções e sentimentos, desenvolver relacionamentos positivos e autênticos, e comunicar-se efetivamente são elementos fundamentais para uma liderança bem-sucedida e saudável.

No entanto, a liderança autêntica não é algo que pode ser alcançado da noite para o dia. É um processo contínuo de auto-reflexão, desenvolvimento de habilidades e aplicação prática. É importante que os líderes estejam dispostos a enfrentar seus próprios pontos cegos e limitações, e a buscar ajuda profissional quando necessário.

Em última análise, a liderança autêntica é sobre ser fiel a si mesmo e aos seus valores, enquanto guia e inspira os outros a alcançarem seu pleno potencial. Com a ajuda da psicanálise, os líderes podem se tornar mais conscientes de si mesmos e dos outros, desenvolver relacionamentos saudáveis e eficazes, e liderar com autenticidade e compaixão.